教育的细节与大节

李冲锋 著

海峡出版发行集团
福建教育出版社

图书在版编目(CIP)数据

教育的细节与大节/李冲锋著. —福州:福建教育出版社,2011.9
 ISBN 978-7-5334-5610-8

Ⅰ.①教… Ⅱ.①李… Ⅲ.①中小学—教学研究 Ⅳ.①G632.0

中国版本图书馆 CIP 数据核字(2011)第 179690 号

教育的细节与大节

李冲锋 著

出版发行	海峡出版发行集团
	福建教育出版社
	(福州梦山路 27 号　邮编:350001　网址:www.fep.com.cn)
出 版 人	黄　旭
发行热线	010-62027445
印　　刷	北京东君印刷有限公司
	(北京大兴黄村镇三间房村委会北 500 米　邮编:102600)
开　　本	720 毫米×1000 毫米　1/16
印　　张	16.25
字　　数	240 千
插　　页	2
版　　次	2011 年 9 月第 1 版　2011 年 9 月第 1 次印刷
书　　号	ISBN 978-7-5334-5610-8
定　　价	29.80 元

如发现印装质量问题,请与读者服务部(电话:010-62027445)联系调换。

前　言

　　事物的形成,需要时间的沉淀和不断地积累,积跬步以致千里,积小流以成江河,聚沙成塔,集腋成裘,世所谓厚积而薄发是也。思想亦复如是,素有十月怀胎、一朝分娩的快乐。零散的文章,终有十年积攒、一朝结集、镏铢以成的机会。

　　收录到这本教育随笔集里的文章,是我十年来断断续续、零零散散写下的关于教育的思考。这些文字多是受到课堂教学、听课评教、教育孩子、反思学习等的触发,心有所思,意有所动,信笔写下的。虽然成书的时间跨度较长,写作的内容涉猎较广,但始终未离教育的视角,始终在思考教育的基本问题。

　　这些思考,既关注教育是什么,关注教育对人成长的作用、教育对人生的意义、教育与社会的关系,关注教师如何成为专业人士、如何有尊严地教等教育的大节问题;也关注如何才能把课上好,关注课堂教学中的学生的插嘴、举手,学生语气、音量,学生的沉默、调皮等细节问题。

　　所谓"大"者,庙堂之高,为国为民;所谓"细"者,寻幽探微,沙中捡金。教育的大节涉及对教育、教学、学习、成长的理解,涉及教育与其他事物之间的关系,涉及对教育在整个社会系统与人生发展中作用与定位的思考,是关乎教育大局、影响教育取向的大问题。

　　教育的细节则是教育实践过程中,那些或显或隐地影响教育效果的小行为、小问题,是教育的细枝末节。虽然是教育的细枝末节,但却影响着教育的效果与质量,甚至可能会因细节处理不好而影响整个教育的效果,影响教育的全局整体。教育只有把握好大节,注意好细节,以大节引航,以细节护航,才能够真正地发挥出教书育人的力量。

这本随笔虽然写得随意，但决不随便，我的态度是严肃而认真的。这十多年逐渐积累起来的文字，是关于教育、爱与成长的文字，是触动心灵、贴近心灵的文字，在这些或温润、或犀利的文字中，隐藏着一颗热爱教育与生活的心。正因如此，我深知仅凭自己的一时之想、一己之思，难免有孤陋偏失之处，在这里还恳请读者诸君批评指正！

这些日常写下的教育随笔多与我自己的成长、教学、生活密切相连，对这些阐发思想与认识、贴近生命与情感的文字，我特别珍爱，想把它献给特别的人。首先君子有成人之美，感谢吴法源君牵线搭桥玉成此书的出版，感谢耿春雷君兢兢业业为本书的编辑出版所做的努力。没有二位的帮助，便没有本书的面世。部分文字曾经在相关刊物发表过，在此一并致谢。感谢妻子与女儿，她们给予我生活的力量，她们也是书中某些篇章的主角之一。

在成长的旅途中，给予我照亮的是父母，他们不是教师，也不是教育家，他们是中国地地道道的农民，但他们知道怎么教育孩子、怎样帮助孩子。在遇到困难时，母亲总是说"佛争一炷香，人活一口气"，不长志气，还算人吗？父亲也常说，"上山擒虎易，开口求人难"，做事要自立自强。这些教诲深深地印在我的心里，在我的意志里扎根，给予我人生的力量。

母亲很聪慧，但她无法读懂我的文字。父亲农忙闲暇时，会认真读我写的东西。没关系，我把自己所珍视的第一本教育随笔集献给我的母亲和父亲！

李冲锋
2011年7月七星海畔

目　录

前言

第一辑　教育是什么

2／英国首相小学成绩倒数第一的启示
4／教育扼杀论
6／让教育如沐春风
8／反思"听话教育"
10／反思德智体育
12／有必要设置生活课程
14／教育为谁负责
17／教育需要信任
19／教育的信心
22／教育的决心
24／教育的耐心
27／教育的细心
29／如何面对教不了的学生
32／呼唤"悟性教育"
33／你的教学能影响学生多久

第二辑　以学定教

36／孔子怎样教学生

39／行不言之教

42／以学定教

45／话说"循循善诱"

47／教师教学的三个阶段

49／人云我教，不能持久

51／顺势引导与造势引导

53／什么是有限教学

55／你有几套教学方案

57／四种教学隐喻的分析

63／成功教学的秘诀

66／合作写作：作文教学的有效方式

70／你的教学走向何方

71／教到学生不会为止

第三辑　置身课堂

74／唯一答案何时休

76／别把课上散了

78／教学需要课堂明星吗

81／一直高举的手

83／把握"课场"，控制"课势"

85／课堂里的沉默

88／聚焦学生不和谐的声音

91／讲台功能的转变

94／充分考虑学生的生活经验

96／如何面对学生插嘴

98／如何面对学生的调皮

100／如何对待迟到的学生

102／让课堂响亮起来

105／读出不同的语气

107／深挖细剖出真知

110／每次上课都是最后一课

第四辑　关注成长

114／没有"声音"的孩子

117／你们需要一个没有受过奥数污染的孩子吗

119／保护儿童的世界

121／用肯定思维对待孩子

123／训练思维还是折磨孩子

126／一个学期百张卷

128／甩手上学

130／为儿童提供更多优质儿歌

133／让孩子形成期望

137／别乱扔孩子的东西

139／"一字文"与"无图画"

143／与孩子一起成长

第五辑　反思学习

146／学习是一种修行

147／因材施教与因师而学

149 / "逼着学"与"求着学"

151 / 杨梅、荔枝、麦黄杏和鱼头

153 / 心中的阳春面

155 / 梧桐是什么样子

158 / 不学好外语能行吗

161 / 原生态阅读

163 / "黄蓉式"解读要不得

166 / 把教学习方法放在教学的首位

168 / 谈谈数学教学

第六辑　教师之业

172 / 有尊严地教

175 / 为师当学罗尔斯

177 / 教师即课程

179 / 教师专业发展的四个阶段

183 / 异质介入：教师专业发展高原期突破的途径

185 / 把培训进行到底

187 / 教师主体性的缺失与重建

192 / 教学科研需要引导而不是强迫

194 / 克服师生心理差距

200 / 读几本看家书

205 / 读几本难懂的书

210 / 写作之于教师的意义

212 / 做一名专业教师

215 / 教师的灵魂在哪里

217 / 教师：帮手抑或杀手

第七辑　教育于世

220／让高考更公平

224／教育，为何如此压抑

227／教师凭什么爱学生

229／谈学生社会化教育

231／情感与性格维系的教育能走多远

234／教育的"骗"与"混"

235／教育惩罚是否合法

241／直面网络游戏

247／教育改变了什么

248／教育能给生命多少力量

第一辑
教育是什么

爱因斯坦说："什么是教育？当你把受过的教育都忘记了，剩下的就是教育。"

英国首相小学成绩倒数第一的启示

卡梅伦成为英国的新任首相之后，关于他的一些报道也随之而出，其中饶有趣味的是他小学成绩曾经是倒数第一。

卡梅伦从小接受传统贵族式的精英教育。小学时他的拉丁文和数学成绩是班上最后一名，其余各科成绩几乎都在班上"垫底"，所以他的年终总成绩也是全班"倒数第一"。但这并不妨碍卡梅伦后来进入著名的伊顿公学和牛津大学读书，因为他就读的希瑟当预科学校是当时全英国最难进的贵族小学。该小学的许多毕业生后来都成了英国政商界的重要人物。

在小学和中学阶段，卡梅伦的学业成绩不是格外优秀，但由于他入读的是最顶尖的学校，那里的"差生"也基本可以保证今后接受精英教育，所以卡梅伦的父母从小对他的学业发展并不会产生焦虑。

卡梅伦小学成绩倒数第一，但并不妨碍他进入名校，不妨碍他成为国家领袖。虽然，他所上的小学是最难进的小学，他的故事里也有许多与我们今天不一样的条件，是我们今天许多的孩子和学校所不能比的，但他的故事还是可以给我们一些启示：做父母的、做教师的不要为孩子的学习成绩不好而焦虑，更不要因此对孩子失去信心，别把孩子看死，给他留出空间。

我的孩子转学到新学校后，非常不适应。在与老师谈话时，老师鼓励我帮助孩子尽快适应，不要把孩子一下子看死，现在才上小学，今后的路还长着呢，还有非常大的发展空间。听了老师的话，我感到非常温暖、非常感动，这真是一位懂教育的好老师，把孩子交给这样的老师我就放心了。

赏识教育的提倡者周弘总结了教育的"花苞心态"，即把孩子的错误与不足看作孩子成长中的"花苞"，相信有一天这些"花苞"会开花。他举了自己教育中的一个例子："周婷婷小时候数学不好，我给她出了十道简单的应用题，她只做对了一题。我在她对的那一题上打了一个大大的勾，把她拉到身边发自肺腑地说，孩子你真棒，这么难的题都做对一题，不就错了九题嘛！女儿不解地问我：'爸爸，你像我这么大时敢不敢做这么难的题？'我回答她，爸爸像你这么小的时候碰都不敢碰这种难题呢！结果女儿听了这话，对数学的兴趣像火山爆发一样，小学6年的数学3年就学完了，还跳了两级！所以，做家长的有时候要倒过来看孩子的问题，就能化腐朽为神奇。"教育中的"花苞心态"就是父母和教师摒弃"功利心态"，给孩子留出成长空间。

后进生、学困生和问题学生，不论怎么说，他们是学校里的一个特殊群体，他们是需要父母和教师给予更多帮助和关爱的群体。他们也是最遭父母和教师头疼的群体。这样的孩子最容易被看死，最容易从思想上被抛弃。一个孩子被父母或老师从"思想上抛弃"是最可怕的。

放弃一个人很容易，教育好一个人很难。教育的价值不在于放弃学生，而在于克服困难，教育好学生。正是因为学生需要教育，所以教师才有存在的价值，不然要教师何用？

著名教育家魏书生对"差生"说，你们要相信自己是一个"大器晚成者"。每读到这句话，每想到这句话，我都特别感动。一个老师能够这样看学生，那么学生也就有了信心。给学生留空间，说到底是要保护学生的信心，给学生留信心。教育最可怕的就是对学生失去信心，就是学生自己没有了信心。

不论做教师的，还是做父母的，都应该对孩子抱有信心，特别是对那些学习不好、表现不好的孩子抱有信心，对他们的未来要看到无限的发展空间，要坚信孩子是不断发展的，会向着更好的方向发展的。

相信，只要做父母的和做教师的在思想深处、内心深处为孩子的发展留出空间，孩子就会对自己有信心，就会朝着无限可能的空间发展。

教育扼杀论

教育是一种召唤。教育召唤人心灵深处的呼喊，用理想、希望、未来召唤着人们前行。

教育是一种激发。教育击打人的惰性，激发人的信心、上进心、前进的动力，激发人的创造力。

教育是一种唤醒。教育唤醒人昏沉的沉睡，唤醒人上进的欲望，唤醒人天性中善良的本性。

教育是一种使人不断上升的力量。然而，教育也可能成为一种扼杀！

教育会成为一种扼杀人的天性、扼杀人的信心、扼杀人的进取心的杀手。或许这时的教育已不能再叫做教育，但是它却又确确实实以教育的目的、教育的心态和教育的手段进行着，它的一切都是以教育的内在追求在活动的。这是一种有问题的教育，它具有教育的意图，但在教育的方式上出了问题。这种教育在不知不觉中扼杀了人的成长。

教育本来是促进成长的，但有问题的教育却成为一个扼杀成长的刽子手。教师本来是人类灵魂的工程师，要召唤、激发、唤醒学生，却成为一个精神杀手，一个成长的摧残者。

即使如此，很多情况下，我们并不能责怪教育、责怪教师，因为这不是他们的错。错在教育体制，错在教育政策，错在严酷的竞争现实，错在违背教育的规律一味地提出不切合学生身心发展的要求。在这种情况下，教育充满了贪欲，想把太多的东西传授给学生。教育不仅充满了贪婪，而且没有耐心，追求速度，追求效率，追求立竿见影。这样问题就来了，要完成任务，要追求效率，要传授大量的内容，于是教育不再具有耐心，不再细致，它开始生拉硬套，不断灌输，学生开始生吞活剥，成长的内在规律被打破了。这与教育的慢性子是不相符合的,与学生的成长规律是相抵牾的。

有些教师不懂教育的规律,跟着感觉走,跟着形势走,跟着领导的吩咐走,就是不跟着学生的实际走,结果也会造成一种扼杀。

一些不负责的出题者,自作聪明地出一些没有脑子的、不适合孩子的题,把孩子们搞得晕头转向,这不是在训练孩子的思维,而是在折磨孩子。

总之,由于大大小小、方方面面的原因,教育会变成一种扼杀,扼杀学生的天性,扼杀学生的兴趣、信心、创造力,最后,把一些学生培养成像爱迪生一样的"笨蛋",然后宣布这个孩子无可救药。 优胜劣汰是对教育扼杀的最好掩遮。 至此,教育扼杀完毕!

很多情况下,教育或教育者本身并无力去改变教育体制,改变严酷的现实,他们只能被动地适应。 因此,教育成为一种扼杀并不能完全怪罪教育本身或教师。 只有因教师个人原因造成的教育扼杀才能去怪罪教师。

在严酷竞争的现实面前,没有人对教育的扼杀负责,更没有人去问责。这不仅因为我们缺乏教育扼杀问题的问责机制,不仅因为人们已经把优胜劣汰看做一种合理的社会规则,还因为扼杀在不知不觉中进行。 教育扼杀没有人会知道,也不会有人去追究。 即使知道了,大家也认了,因为大家都学会了默默承受。

当教育成为一种扼杀,教育便成了一种罪过! 当教师成为学生成长的扼杀者,教师便成了一个罪人! 有罪便有偿。 教育在无形中扼杀,这罪也要在无形中来偿。 可用什么来偿教育扼杀的罪责呢?

让教育如沐春风

成长是人生中一件美丽的事情。教育是促进成长的事业,教师是促进成长的人。教师应该感到幸福、光荣与自豪,因为我们在做着促进孩子成长的事业。

事实是,许多教师并不喜欢自己的工作。他们不仅工资待遇不佳,而且工作没有时间的界限,沉重的课时和加班,各种各样的制度和要求,让教师疲惫不堪,感受不到教育过程的美好。

事实是,许多接受教育的孩子并不喜欢学习,不喜欢学校,不喜欢自己的老师。学习成为孩子们的一种负担,一种煎熬,一种痛苦。成长因受教育而变得灰色。

当教育成为一种痛苦的过程,教育的轻盈和美丽都不复存在,不论教师还是学生,都感受不到教育的美好。教育变成了一种沉重的负担。

教育应该让教师和学生都享受到教育本身的美好。为了孩子健康、快乐地成长,为了教师健康快乐地工作,应该让教育如沐春风。

让教育如沐春风,需要社会为教师提供宽松的工作环境,为学生提供宽松的成长环境。

让教育如沐春风,需要学生抱着一颗求知的心,带着对知识的渴求,倾听教师的演讲,参与教学的讨论。

让教育如沐春风,需要教师不断提高自身的修养,拥有渊博的知识,引领学生在知识的海洋里遨游;需要教师具备充裕的教育技巧,激发学生求知的热情,鼓舞学生成长的信心,拨开学生困惑的迷雾,点燃学生求知的明灯。

让教育如沐春风,需要教师与学生建立良好的师生关系,在师生互相信任的状态下展开教学，需要教师创设良好的心理氛围，让学生在宽松的心理环境中展开学习。

让教育如沐春风，就是让孩子感到学习是一件快乐的事情，就是给孩子一个充满美丽的成长过程；就是让学生与教师在一起时，有一种如沐春风的感觉，有一种如沐春风的温馨；让学生在教师带来的如春风般的温暖中愉快地学习、快乐地成长。

作为教师的我们，追求：让教育如沐春风，让孩子快乐成长。

反思"听话教育"

在提倡"对话"教学的今天，人们对"听话"教育提出了更为激烈的批判。批判的理由是：听话教育使孩子丧失了独立思考的能力，不利于学生创造力的培养与生成；听话教育是以上一辈人的意志为标准的，容易养成孩子的顺从思维，不利于孩子批判性思维的培养与生成；听话教育对学生的个性养成有影响，不利于孩子养成完善的个性。这些批评不无道理。有的人，把中国人不能拿诺贝尔奖、缺乏创造力等都归罪于"听话教育"。其实这有些夸大"听话教育"的影响和后果了。

在我看来，"听话教育"也有它不可替代的作用与功能，决不要把"听话教育"笼统的一棍子打死，一定要细致地分析和谨慎地对待"听话教育"。

首先，听谁的话？一般要求孩子听话的人是孩子的父母、老师等长辈。这些人是爱孩子、对孩子负责任的人。他们对孩子所说的话大多是出于对孩子的爱，是让孩子更好地成长，而不想害了孩子。因此，他们的话大多是可信的。

其次，听什么话？当然是大人们认为有益于孩子成长的话。那些真正爱孩子、关心孩子的大人们，肯定是出于孩子的成长才给予他们指导的。大人的人生阅历与知识，在很多方面足以给予孩子们以生活指导、社会指导和一定的学习方面的指导。这些指导由于成人阅历的累积在里面，大多经历过社会实践的检验，可信度也是非常高的。这些包含了成人成长经验的指导是有指导性的、可接受的。当然，成人并不会永远正确，也会有犯错误的时候，但总体上看，成人经验的正确性是比小孩子高的。

再次，为什么听话？孩子缺乏经验，需要指导。为了避免走弯路，少浪费时间与精力，孩子应该听父母、老师等长辈们的话。常言道，"不听老人言，吃亏在眼前"，"听人劝，吃饱饭"，不听话的后果就是吃亏。

最后，有大量事实证明，虽然那些不听话的孩子后来很有创造力，很有成就，但也有大量的事实证明那些问题儿童、问题学生很多是不听父母与老师长辈们的话的人。他们自作主张，任性而为，结果在游戏与放纵中误入歧途，耽误了美好的人生时光。也有大量事实证明，那些听话的孩子并非如人们所说的那样，没有个性、没有创造性、没有成就。那些听从父母与老师教导的"听话"的孩子会少很多人生的苦恼，会少走很多人生的弯路，会更快捷地走向成功。

应该辩证地看待"听话教育"，不能因为"听话教育"存在一些弊端就一棍子打死，要认识到任何事物都具有两面性。要充分认识到"听话教育"的好处，并充分利用"听话教育"为孩子的健康成长保驾护航，为孩子更好更快的成长做出贡献。

反思德智体育

1923年1月15日的《晨报副刊》发表了梁启超（1873—1929）的《为学与做人》一文。文中梁启超对智育、德育、体育的提法做出了否定。他谈到，人类心里有知、情、意三部分，这三部分圆满发达的状态，先哲名之为三德——智、仁、勇。这三件事是人类普遍道德的标准，总要三件具备才能成一个人。他引用孔子的话，"知者不惑，仁者不忧，勇者不惧"。由此，他说："所以教育应分为知育、情育、意育三个方面——现在讲的智育、德育、体育不对，德育的范围太笼统，体育的范围太狭隘——知育要教到人不惑，情育要教到人不忧，意育要教到人不惧。教育家要教学生，应该以这三件为究竟，我们自动的自己教育自己，也应该以这三件为究竟。"①

梁启超不仅否定了智育、德育、体育的提法，而且对他所提的知育、情育和意育在学校的状况作出了判断："讲到学校的教育吗，第二层的情育，第三层的意育，可以说完全没有，剩下的只有第一层的知育。就算知育罢，又只有所谓常识和学识，至于我所讲的总体智慧靠来养成根本判断力的，却是一点也没有。这种'贩卖智识杂货店'的教育，把他前途想下去，真令人不寒而栗。"②

梁启超关于教育内容分类的说法是很有些道理的，值得教育界人士关注与思考。正如梁启超所说，我们今天的教育只剩下可怜的"知育"，而且是残缺不全的。我们很难想象这样的教育能够培养出全面发展的人来。在我们的教育中对人的情育与意育的教育不能说一点也没有，但却少得可怜。我们真的应该重新反思现有的教育，并做出适当的努力了。不能再把这些教育

---

① 梁启超著：《拈花笑佛》，西安：陕西师范大学出版社，2007年1月版，第236页。
② 梁启超著：《拈花笑佛》，西安：陕西师范大学出版社，2007年1月版，第204页。

内容放逐在学校教育之外，让学生自我获取。

梁启超把情育的培养目标定在"不忧"上。在我看来，情育可以是一切对人的情绪、情感、审美的教育。这种教育包括人对自己情绪的控制、管理与调节，人的各种情感的协调与满足。情育还包括对人的兴趣、爱好的培养，对审美情趣、审美情操的培养，对人的鉴赏能力的培养等。

梁启超把人的意育的目标定在"不惧"上。其实，不惧也是一种情感状态，可以放到情育中，意育的重点应该放到对人的"意志力"的培养上。在目前的教育中缺乏对学生意志力的培养，我们应该培养学生的一种"韧性"，应该对学生进行"韧性教育"。培养学生的意志力就是使学生具有一种面对生活、面对困难的韧性。这种意志上的韧性就是面对困难、挫折、失败而不言放弃，不折不挠，勇往直前，直至到达成功的彼岸。当然这种前进是与"知育"的成果相结合的，是以正确的认知为前提的。培养人面对困难的信心与勇气，坚定不移的意志与韧性，是意育的重要内容。

在心理学上，把人的心理发展分为知、情、意、行。其实，我们还应该加强对学生的"行育"，即增强学生的行动能力，增加他们的执行力。要加强执行力就需要有良好的身体素质，因此需要加强对学生身体的锻炼。没有强健的身体就没有强劲的行动力。在今天的教育中，高分低能的现象很普遍，这个"低能"主要就是学生的行动力太差。增强行动力，就是要增强他们的策划能力、组织管理能力、领导能力、执行能力等一系列实用性能力。没有行动力，任务将变成空想。因此，必须加强执行力的教育。

教育是一件内容丰富且复杂的活动，各方面的内容都必须得到很好的协调才能真正把学生培养成人。如果只是进行各种科目的学习与智力训练，如梁启超所说，任凭把件件都学得精通，能否成人还是个问题。因此，我们呼吁在教育中改革"知育"，重视情育、意育与行育。首先在教育的内容上全面了才有可能培养出全面发展的人。如果教育的前提都偏失了，那么难以想象教育能够达到它所提出的全面发展的目标。

有必要设置生活课程

什么可以成为课程的内容？应该是那些人们在日常生活中不易获得的知识。

生活常识没有必要专门通过课程的方式进行传授，不然课程设置也就没有了价值。

有些内容通过私下的交往或称之为生活中的教育就可以实现。这些内容没有必要进入课程。那些带有一定的专业性，人们日常生活中不容易获得的知识，应该成为课程的内容。

人们生活中需要，却不易获得的内容，应该成为课程的内容。但是，我们今天的课程里几乎没有生活的内容。

今天的课程是职业取向的，职业取向的课程是为了人们今后的工作而准备的。它向学生传授今后可能要从事的工作的知识，训练他们工作方面的技能。职业取向的课程为学生谋工作、谋生存提供支持。

今天的课程也是学术取向的。它向学生传授高深的知识，远离生活世界的知识。至于在生活中，人们可能会碰到的由于缺乏某方面的知识而遇到的麻烦，学校课程几乎是从来不管的，那是个人生活的事情。也就是说，我们的教育中缺乏生活取向的课程，缺乏生活课程。

当今的世界各行各业都在不断分化、细化，也在不断专业化。这种专业化影响到、渗透到日常生活之中，日常生活中的日用品都在不断专业化。当我们去选择这些日用品时，常常是以一个行外人的身份去购买，买者与卖者之间有时存在着很严重的信息不对称。买者缺乏对产品和某些行业深入的了解，甚至缺乏行业的基本知识。在这样的情况下，买者很容易成为受骗者、上当者、受害者。买者防止生活中由于专业或类专业问题所带来麻烦的办法往往是找专业人士或类专业人士帮助。比方,不懂电脑的人请懂电脑的熟人帮助买。其实,这个懂电脑的人懂到什么程度,他可能也不是很了解,这样的情况下,他仍然被他人左右着。

为了改变日常生活中的种种专业或类专业问题所带来的麻烦,有必要设置生活课程。

生活中的有些烦恼是由于缺乏经验、缺乏指导而带来的。比如,如何做爸爸、如何做妈妈,这看上去是不学自会的内容,其实,经过指导与没有经过指导是不一样的。再比如,如何处理人际关系,如何解决心理压力等内容,没有人指导就只能个人在日常生活中不断碰壁、自我琢磨、自我感悟。如果有适当的课程给予指导,生活中的许多烦恼可能会悄悄地走开。

设置生活课程是完全必要的,首先是因为日常生活中有这样的需要。这种需要或许由于以往课程设置的存在而被挤压在正常课程需要之外。如果真正激发起来,这种需要会蓬勃发展的。由生活课程来解决人们日常生活中可能遇到的麻烦会受到众人的欢迎。其次是因为教育的目的是为了让人们生活得更美好。设置生活课程是让人们生活得更美好的一种方式。教育中的课程不应仅仅限于职业课程与学术课程,而应该添加生活课程。

当然,在生活课程设置的方式上,可以灵活考虑。课程的设置应该根据日常生活中的需要进行,也可以主动提供相关课程。不可能把所有日常生活中有关的内容都课程化,可以有选择地提供生活课程。生活课程不一定是长期、长时的,应该以短时的为主;应该多设置些微型课程,比如"一课课程",即一次课就可以帮助人们解决生活中可能遇到的问题。微型课程的提供者可以是学校,也可以是社会组织等。学校应该开设大量的生活课程选修课,供学生根据兴趣和需要选择;社会上的微型课程也可以适当收费。

生活课程是指向人们日常生活的,是为了帮助人们免除日常生活中的烦恼,让人们更美好地生活。

教育为谁负责

教育为谁负责？

作为教师应该思考这个问题。明白了"为谁负责"的问题，也就明确了自己的责任所在，也就会有相应的教育行为的出现。

教育要为学生负责。教育关系着学生的身心发展，关系着学生成长为什么样的人。良好的教育可以激发学生的潜力，发挥学生的才智，培养出优秀的人才；糟糕的教育则打击学生的积极性，遏制学生的上进心，使学生丧失信心而自我放逐。教育对学生的发展负责、对学生的成长负责，给予学生的成长与发展以有力的帮助与支持。

教育要为家长负责。家长把孩子交给学校、交给老师，对学校与老师寄予信任与厚望，教育怎么能不负责任呢？张晓风在《我交给你们一个孩子》中这样向学校和各种方式的知识传递者提问：

我不曾搬迁户口，我们不要越区就读，我们让孩子读本区内的国民小学而不是某些私立明星小学，我努力去信任自己的教育当局，而且，是以自己的儿女为赌注来信任——但是，学校啊，当我把我的孩子交给你，你保证给他怎样的教育？今天清晨，我交给你一个欢欣、诚实又颖悟的小男孩，多年以后，你将还我一个怎样的青年？

他开始识字，开始读书，当然，他也要读报纸、听音乐或看电视、电影。古往今来的撰述者啊，各种方式的知识传递者啊，我的孩子会因你们得到什么呢？你们将饮之以琼浆，灌之以醍醐，还是哺之以糟粕？他会因而变得正直、忠信，还是学会奸猾、诡诈？当我把我的孩子交出来，当他向这世界求知若渴，世界啊，你给他的会是什么呢？

从这样的提问甚至说疾呼中，我们可以看出，家长把孩子交给学校、交给教师，他们对学校和教师是寄予了多么深的厚望。教育者怎么能够把家长交给我们的一个好孩子培养成一个坏孩子呢？可是，我们的教育到底有没有把好孩子培养成坏孩子，把一般的孩子甚至卓越的孩子培养成差生呢？为对得起家长的那份信任，教育要为家长负责。

教育为学校负责。好的学校培养出好的学生。培养出好的学生，学校才会有声誉，学校才会更有地位。教师的教育教学，要为学校负责，不丢学校的人，要为学校争光，为学校添彩。

教育要为教师负责。教师要对自己负责。作为教师，努力工作，努力培养好孩子，努力发展好自己就是对自己负责。教师的所有行为，都是在为自己而做，都代表着自己，而不是他人、不是学校。有的人上课"偷工减料"，晚开课，提前下课，备课不下工夫，上课糊弄学生。这样的人，看上去得了便宜，其实是对学生不负责，对自己不负责。他们得到的是学生对他们的抱怨与不满，他们损坏的是自己的信誉与声名。老师不是在为学校上课，也不是在为校长或他人上课，而是在为自己上课。每一堂课都是在展现自己，在展现自己的教学水平与人格境界。因此，要么上课，要么不上。

教育为社会负责。其实，教育为学生负责、为家长负责、学校负责，都还只是负责的一些方面，说到底，教育要为社会负责。这是由教育的社会性所决定的，教育要为社会培养人。教育为学生的成长负责，说到底是为社会培养合格的、优秀的人才，是为社会的和谐、美好和富强而努力。

从教育为社会负责的角度讲，教育对学生的关注绝不止于学生在校期间，而是要长期对学生加以关注与负责。现在的教育主要关注学生在校期间的教育，有其特定性，受教育条件等的限制，但教育的目光决不应仅仅止于对学生在校期间的教育，还应该延伸至学生离开学校之后。如果学校能够，如果学生需要，应该进一步对学生施加以教育的影响，以促进学生的提升与转变，以为社会的构建做出进一步努力与贡献。

教育要对学生的分数负责，因为在现行的教育体制下，分数决定了学生的升学，决定了学生的发展，甚至决定了学生的命运。然而，教育不仅仅为分数负责，只为分数负责的"唯分数"教育是片面的、错误的，必然把学生引向成长与发展的误区。

　　教师要对自己的饭碗负责。教师职业是教师谋生的手段，教育是教师的饭碗。然而，教师不能仅仅为了饭碗而从事教育，教育有为社会培养人才的使命。教师必须带着这样的使命感从事教育工作，教师要为这样的使命负责。而要完成这样伟大的使命，其付出必然有超出为保住饭碗而工作的部分，必然有超越职位要求的努力。这也是教育工作的特殊性之所在，这也是教育工作的伟大之所在。

　　教育为社会负责是根本的，因为要为社会负责，所以要为学生的发展负责，为家长的寄托负责，为学校的发展负责。教育必须明确自己的责任，强化自己的责任，以负责任的态度面对社会、面对学生、面对家长、面对教师。在教育的责任中，教师承担着最为重要的角色，因为教师是教育责任的具体承担者、实施者与完成者。所以，教师"明责"、"施责"、"尽责"是教育"完责"的重要保证。

　　教育是一种责任，一种社会责任。每一个教育工作者都应该具有一种为社会尽责的使命感，在完成社会使命中为学生的成长和社会的发展做出贡献。

教育需要信任

信任，是社会得以运转的重要基石。我们的生活是建立在对他人信任的基础之上的，政治上需要政治信任，经济上需要商业信任，婚姻上需要婚姻信任。教育上呢？当然需要教育信任。

什么是教育信任？简单地说，就是教师信任自己的学生，学生信任自己的老师。作为教师的我们，需要反思一下，我们信任自己的学生了吗？我们得到学生的信任了吗？

如果我们得到了学生的信任，那么，学生就会把我们当做可以信赖的人。他们会把自己的喜怒哀乐，甚至把自己的秘密告诉我们。当他们遇到困难时，就会向我们求助。当他们在离开校园以后，不管是多少时间，一年两年，十年八年，甚至更长的时间里都会继续信任我们，虽然期间并不经常联系。我们是否得到了这样的信任？

如果得到了，那我们的教育是成功的。成功的教育必须建立在信任的基础上，成功的教育必须建立起师生之间的信任。没有信任的教育是不成功的，信任缺失的教育是失败的。

学生对教师的信任，建立在教师可靠的品格上，建立在教师可贵的专业技术水平上，建立在教师对学生的负责任上，也建立在教师能够为学生分忧解难的行动上，建立在教师能够为学生严守秘密的谨言上。

作为一个被学生信任的教师是幸福的，当然也肩负着被信任的责任。

有一位刚上任的领导在上任演讲中，首先感谢了下属的信任，而不是领导的提携。他认为，一个人给他什么都好还，唯有给他信任不好还。他人给予了信任，你就要经得住这个信任，就要向着信任的方向去努力，不要辜负他人的信任。

人与人之间，给予信任，比给予赞美更重要。赞美别人我们都不吝啬，但信任别人呢？并不那么容易。因为信任的建立需要一个对对方考察、考验的过程。只有经得住考察和考验，才能够获得信任。

教师这个职业可能天然地包含着被信任的天性。教育中的信任，既包括知识上的信任，也包括品德上的信任，还包括生活中的信任。虽然，教师有天然被信任的先天基因，但并不是每个教师都可以获得学生的信任，并不是每个教师都可以获得每个学生的信任。

获得学生的信任，是教育的应有之义，也是每位有志于教育的人努力的方向。我们在与学生的相互信任中，相互支撑，构建可靠的师生关系，构建可靠的教育品质，也构建美好的教育人生。

教育的信心

教育永远是有"心"的教育，没有了"心"，教育也就没有核，没有灵魂，没有了价值与意义。因此，有必要探讨教育所需要的各种"心"。教育首先需要的是信心。

教育是一项需要信心的事业。

1. 教师要对教育抱有信心

教师要相信教育在人的发展和成长中的作用，相信教育可以给予人的发展与成长以巨大的力量。教育之所以存在是建立在"人是可教的"，即人的可教性基础之上的。正是因为有了这样的基础，人们才相信教育对人的改变作用，教育才可以塑造人、影响人、改变人，给予个人的发展以推动，给予社会的改变以推动。教师要对教育之于个人成长与社会改进的力量深信不疑，并积极为之。

2. 教师要对自己抱有信心

作为教育者，教师要对自己抱有信心，相信自己有能力从事教育事业，相信自己有能力教育好学生。教师对教育的自信，是教育成功的一个非常重要的条件。如果教师没有能力从事教育，没有从事教育的自信，那么就很难成为一个好的教师，也很难成功地教育学生。

一个对自己没有信心，对自己的教育能力没有信心的老师，很容易把学生视为难教的，很容易放弃对学生的教育。与其说，有的教师对学生没有信心，不如说他对自己没有信心。因此，教师要成为一个自信的人，成为一个对自己的教育理念、教育手段和方法自信的人。信心来自实力，实力来自努力。要做一个有信心的教师，就需要不断地学习、实践，不断地提升个人素养。虽然，做出成绩后他人的认可是教师信心的来源之一，但教师的自我修养是教师信心的最为重要的源头。

3. 教师要对学生抱有信心

教师要相信学生是可教的，是能教的，是能够教好的。教育之所以存在是因为学生是需要教的。如果学生不需要教，也就不需要教育，不需要教师了。教师对学生抱有信心的基石在于，学生是发展中的人，是有巨大发展潜力的人。教育就是把学生引向正确的方向，把学生的能力发挥出来，把他们的潜力激发出来。每个人都是发展的，这种发展具有未完成性，人的发展与人的生命相始终，死亡是发展的终点。在人生的路途上，人永远具有发展的可能性。因此，教师要相信学生的发展，相信每个学生都是可教的，永远对学生抱有信心。

4. 教育要给予学生信心

教师不仅要对学生抱有信心，而且要给予学生信心。教育要让学生相信自己，给予学生自信的力量，让他们有强大的内心力量，让他们有内心"强大的自我"。给予学生信心就是给予学生面对困难、挫折、失败、苦难的力量，给予他们百折不挠的力量。教育不仅要让学生相信自己，还要让学生相信真善美，相信正义，相信人类社会的发展，相信美好的明天。这是他们可以面对人生、面对社会、面对未来的更为深刻的力量。

5. 教育最怕放弃信心

对教育而言，最怕的就是教师放弃了对教育的信心，放弃了对学生的信心。当教师不再对学生抱有信心，抱有期望时，也就放弃了对学生的教育。而当教师放弃对学生的教育时，也就意味着放弃了自己的职责，放弃了自己的努力，教育也就失败了。教育信心的放弃，是教师的一种自我放弃，是教育的一种自我放逐。当教师放弃教育信心时，教师存在的价值不复存在。永远抱有教育的信心，对教育的力量坚信不疑，这应该成为教师的职业天性。

6. 信心本身是教育的重要力量

教师对教育怀有信心，对学生怀有信心，那么学生也将会对自己怀有信心。教师的信心对学生信心的成长具有重要的影响作用。教师要看到自己的教育信心的重要力量。 教师对教育要永远充满信心，对学生要永远充满信心。 教师满怀信心去进行教育，教育因此也充满了信心。 当教师与学生都充满信心时，教育充满了无限的力量，无限的亮光，个人的成长和社会的发展也必将被这教育之光照亮。

7. 信心是慢慢长成的

信心，从来都不是建立在虚妄的基础之上的，而是建立在实力和成绩的基础之上，建立在深刻的信念之上。 因此，教师要给予学生实力，也要给予学生信念。

信心的养成，从来都是在点滴之间逐渐形成的。 因此，教育信心的培养，也需要逐渐形成。 不论是教师本人对教育的信心，还是对学生信心的培养，都要经过一个渐进的过程。

让我们慢慢地培养教育的信心，培养对学生的信心，培养学生的自信。 让我们在信心的成长中成长。 信心成长的过程就是教育的过程。

如果我们要为教育安"心"，那么第一颗心就是"信心"。

我们相信教育，我们相信自己，我们相信学生。 我们是教师！

教育的决心

要想做成一件事情,特别是一件大事情,往往需要下定决心,付出艰辛和努力,而教育就是一件需要下定决心去做的事情。《礼记·学记》云"建国君民,教学为先",从国家的高度来看,教育是要摆在首要位置上的。"十年树木,百年树人",从个体成长的角度看,教育的过程是一个长期的过程。在这样重要而长期的教育活动中,没有一定要做好的决心,可能还真的不行。

成功的教育需要决心,而教育的成功有时很大程度上取决于教育者的决心。记得小时候,母亲教育我们一定要好好学习,家里会全力支持我们。虽然家境很不好,但是母亲让我们读书的决心却是坚定的。母亲说:"就是砸锅卖铁也要供你们上学,你们自己要争气。"母亲的话语掷地有声、坚决有力,这声音给予我震撼的力量,也给予我上进的力量。我觉得自己没有退路,唯有学好,才能报答母亲的这份决心。还好,我们没有让母亲失望。现在想来,母亲给予我们的力量,并不仅仅来自物质上,更来自她支持我们上学的决心。

"望子成龙,望女成凤"是为人父母者的愿望。在物质发达,家庭富裕的今天,为了孩子的成长家长更是不惜一掷千金万金,花很多钱,让孩子去上补习班,上好的学校,甚至出国留学。但是,我深深感到,光有钱有时并不能解决问题。对教育而言,物质的支持背后,还必须有精神的力量。其中,支持孩子学习、成长、发展的决心是一种力量。父母需要有这样一种决心,教师也需要有这样一种决心。

作为教师,应该有决心教育好我们的学生,特别是在面对那些学困生、后进生时,我们更需要下定教育好他们的决心,要有一种教育上不服输的精神，有一种"就不信教育不好他"的精神，有一种"无论如何也要教育好他"的决心。有了这样的决心，也就有了克服教育中困难的力量；有了这样的决心，也就给予了学生成长中的精神力量。

教育的决心，是一种教育意志，是教师意志的体现。教育的决心，也是一种教育志气，一种"教育不成，誓不放弃"的志气。教育的决心是一种教育力量，给予教师克服教育中困难的力量，给予学生不自我放弃的力量。

成就教育事业，必须有教育的决心。

坚决教育好，决不放弃！

教育的耐心

教育需要耐心。

教育不是以自己的意志行事,而是要遵循学习者身体成长与心性成长的规律。教育受制于学习者身体成长与心性成长的规律。遵循学习者身体成长与心性成长规律的教育,才是遵循了教育的规律。

学习的身体成长与心性成长既具有一般的规律,又具有个别差异性。现行的学校班级授课制,往往只注重了学习者身体成长与心性成长的一般规律,而对个体差异关注不够,即使是在一般规律的遵循上,也未必完全是合理的。《学记》云:"今之教者,呻其占毕,多其讯言,及于数进而不顾其安,使人不由其诚,教人不尽其材,其施之也悖,其求之也佛。"这种教育教学中太追求速度,太急于跟进的情况,在今天的教育中仍然可见。急于跟进的结果是,学生不能理解老师所讲的东西,前面的内容尚未学会,还没有巩固与落实,后面的内容就又跟进了过来。结果,学生学习到的都是些"半生不熟"、"一知半解"、"不求甚解"的东西,进而越学习越困难,以至于怕学、厌学,甚至逃学、弃学。

在课程内容的安排上,我们太想让学生多学习些东西了,于是安排了很多课程,每门课程又安排了很多内容。我们恨不能一下子让学生把所有的东西都掌握了。教师在教学中,除了课程内容规定的,又加进一些认为对学生有用的东西。学生需要学会的东西越来越多,教学的进度当然也只能越来越快了。在这样的情况下,教育怎么能慢得下来呢?天天加班加点,都还感到时间不够用啊!

除了教育在追求快,缺乏耐心之外,教师在教育教学中也存在缺乏耐心的情况。在教育教学中,我们太急于把自己知道的告诉学生,太急于让学生掌握大量的知识，太急于打断学生的发言，太急于想让学生学会。很多教师的教学是在赶进度，按照教材，按照教学任务，而不是按照学生成长的规律，按照学生学习的情况。

赶进度的教学，几乎不顾及学生的接受程度。大部分的班级教学顾及了那些学习好的学生的进度或大多数学生的进度，而把那些理解得慢、学得慢的孩子变成了"差生"。很多所谓"差生"的造成，不是孩子真的"差"、真的"笨"，而是没有耐心的教育等不及了，把他们抛在了后面。他们跟不上了，他们落后了，他们成"差生"了。由此，他们的自信心、自尊心等受到伤害，他们越落后，落得越远。

为什么有些孩子通过家教，可以提升成绩，因为家教顾及了孩子的个性特点，进行了因材施教。通过家教孩子的成绩可以提升，这从一个侧面说明孩子在学校里没有受到应有的好的教育。这是学校教育的一种失职。

很多时候，不是学生太慢，而是教师没有耐心。孩子的心理与行为速度与成人的是不一致的，孩子往往要慢一些，成年人不能以自己的速度去要求孩子。教师作为"先知"、"先会"、"先能"者，不能以自己的速度要求孩子。孩子身体的成长是在我们不知不觉中完成的，孩子心智的成长也是逐渐完成的，让我们有耐心地去教育他们吧！

有人提出"教育是慢的艺术"，这是很有道理的。说教育是慢的艺术，并不是说我们特意追求教育的慢，而是说要遵循教育成长的规律。教育存在的理由，除了向学生传递知识、技能等之外，还有一个理由就是它能够加速人的成长。但这种加速不是无条件的，不是人为任意的，而是遵循成长规律基础上的加速。特别是在现在这样一个什么都在追求"快"的时代，教育也在追求速成，快速阅读、快速写作、快速记忆……

教育追求快，并没有错，但过了头就是一种错了。如果不顾及成长的速度而盲目加速，就会伤害成长，就成为拔苗助长。"拔苗助长"的故事说明，违反成长的规律，欲速则不达。教育的过程，也是孩子成长的过程，违背了孩子成长的规律，去进行教育，同样会欲速则不达。

教育为什么要这么急呢？家长为什么要这么急呢？教师为什么要这么

急呢？我们都在赶什么呢？我们在赶的时候，也赶走了很多宝贵的东西，往往得不偿失。

教育要有耐心。教育的耐心需要我们学会等待。等待是教育的艺术，甚至是教育的大艺术。没有耐心，不会等待的人，不配当教师。教师的急，其实是一种教育的扼杀。因为教师不能等待而扼杀孩子兴趣与积极性的事例有很多。相反，那些等待时机成熟而教育孩子的优秀教师也大有人在。孔子说"不愤不启，不悱不发"，就是在等待教育的时机，就是一种耐心。"诲人不倦"也是耐心的体现。

我们可以急，可以为孩子着急，但我们一定要有耐心，一定要等孩子慢慢地理解、慢慢地领悟、慢慢地成长。这样的成长才是快乐的成长、健康的成长、有生命力与潜力的成长。

耐心是一种教育技术，也是一种教育艺术，耐心更是教育的一种品格。教师应该具备耐心的教育品格。教师要磨练自己的性子，修炼自己的耐心，耐心地向学生讲解，耐心地等待学生回答，耐心地聆听学生回答，耐心地给学生解惑，耐心地批评教育学生，耐心地等待学生的转变。教育的耐心，其实是一种守护，守护着学生心灵，守护着学生成长，让学生顺乎天性地成长，在正确引导下健康成长。

我们在耐心中展现教育的品格，在耐心中散发教育的力量，在耐心中成就学生的成长。

教育的细心

教育无小事，事事是教育。既然教育无小事，那么小事也是教育的大事。教师不仅要注意教育的大事，也要注意教育的小事，注意教育的细节。注意教育的小事与细节，必须具有教育的细心。没有细心就无法发现细节、小事中蕴含的教育价值与力量。什么是教育的细心？教育的细心，就是教师敏锐地觉察小事、细节的教育价值与意义，并充分发挥它们的力量的能力。

教育的细心，需要教师对自己的言行所表现出来的信息的教育意义有充分的认识。教师的一言一行、一举一动，都会给学生以影响。魏巍在《我的老师》中写到，他们喜欢蔡芸芝老师，"即使她写字的时候，我们也默默地看着她，连她握笔的姿势都急于模仿。"老师怎么会想到自己写字的姿势都会被学生模仿呢？但学生就是模仿了。如果老师写字的姿势不对或者不好，岂不是要给孩子以不良的影响了。教师的言语也会给学生以影响。教师随口说的话、无意中吐露的信息，可能会在学生的心目中掀起很大的波澜，甚至伤及学生的痛处。

教育的细心，需要教师有一双善于观察、善于发现的眼睛，能够对学生有细致入微的观察，能够从学生的细微变化中发现问题，找出原因，进而展开教育。有位教师解释词语"畸形"时说："发育不正常的形态。"突然，他发现一位女学生的头低了下去。动作虽小却使老师的脑子里闪电般地出现了这个女学生吃力地用左手写字的形象，想起了家长曾介绍过，由于医生的不负责任，影响了该生右手的发育……

于是，老师不动声色地加了一段即兴补充，说："有人拿别人的畸形当做笑料，这是把欢乐建立在别人的痛苦之上。这是极不道德的。懂事的孩子应该同情关心生理上有缺陷的同学,这才是有高尚情操的、克服了低级趣味的好学生。"话音刚落,女学生已抬起了头,恢复了常态。 事后,老师长吁一口气说:"我一时疏忽,差点损伤了一颗稚嫩的心。"教学往往"于细微处见精神"。 教例中的教师是一位非常有责任心的教师,及时察觉到学生的细微变化,想办法及时补救,这就是教学中的"目中有人"。 好的教育就是要让学生抬起头来学习,抬起头来做人,而不是让学生低下头去。

教育的细心,要求教师做个有心人,做个细心人,善于从小事入手,从细节入手,反观自身,洞察学生,展开教育。 做个细心的教师,多一些自我言行的反思,多一些对学生的发现,多一些对学生的呵护,教育就会更加的细致,更加的温暖,也更加的有效。

在细节处往往蕴含着教育的契机,在小事上往往彰显出教育的精神。

如何面对教不了的学生

张五常说：

可能是广西寻沙培养出来的个性。我喜欢来去自如，独自思考，老师说的我不喜欢听就魂游四方。同学上课，我自己会跑到佛山的田园呆坐到夕阳西下。华英的日子吃不饱，衣服残破，无钱理发，提到张五常老师与同学无不摇头叹息。小六一年升中一，中一一年降小六，还是每试必败，记过频频，不可能有再黑的日子了。

就是在华英的最后一年中，小六的吕老师给我指出一线生机。一天他带我到校园静寂之处，坐下来说："我不管你的行为，不知怎样管才对，因为我没有遇到过像你这样的学生。你脑中想的脱离了同学，也脱离了老师，层面不同，有谁可以教你呢？我教不来，只希望你不要管他人怎样说，好自为之，将来在学问上你会走得很远，远过所有我认识的人。"①

这是《五常学经济》封底的一段文字。就冲着这段文字，我毫不犹豫地买下了这本书。这位姓吕的老师的教育态度，不仅为张五常指出了一线生机，我想也为许多不知如何面对自己教不了的学生的教师指出了一线生机。

在教育中，许多老师碰到过自己教不了的学生，他们是怎样对待这样的学生的呢？除了情感上的反感、态度上的厌烦、行为上的批评，还有什么呢？甚至可能选择了放弃。

张五常的吕老师，面对张五常这样确实异于常人的学生，没有采取上述态度与行为，而是决定给予其鼓励，并让他自由地发展，不仅如此，还对他"偏心重视"。张五常说：

---

① 张五常著：《五常学经济》，北京：中信出版社，2010年1月版，正文第37—38页。

从那天起我久不久交出一些功课习作，而无论我交出什么，吕老师一定贴在墙上。有时他需要贴物，就找我写一篇短日记，使同学哗然。吕老师是班主任，对我偏心重视，但还是保我不住。记过频频，考试不知答到哪里去，被逐出校门罪有应得。后来读书怎样失败我还是记着吕老师的话：要好自为之。①

这位吕老师是一位眼光长远的人，认定了张五常必定不同于常人，将会大有一翻作为吗？好像是的，因为他说过"将来在学问上你会走得很远，远过所有我认识的人"。不仅如此，而且他还对张五常"偏心重视"了，不论张五常交什么，都一定贴在墙上。虽然，张五常最后还是被赶出了学校，但吕老师的教诲，永远铭记在他的心中了。吕老师的教育成功了。后来，张五常成为著名的经济学家，确实成为了一个了不起的人物。这与吕老师的教诲之间的因果关系，相差十万八千里，但反过来看吕老师当年对他的教育的时候，就不能不佩服他的教育眼力和对异类学生的宽容与爱护。

当碰到"异类学生"或教不了的学生时，我们应该怎么办？放弃，还是努力地去教育他们？

吕老师所说的"我不管你的行为，不知怎样管才对，因为我没有遇到过像你这样的学生"这一观点，我并不认同。做老师的，难道只能教自己遇到过的类型的学生吗？没有遇到就不能教了吗？再者，以前没有遇到过，现在不是遇到了吗？现在不教，以后再遇到这样的学生不是还是不会教吗？总有第一次遇到，第一次教吧。如果遇到没有教过的，就不教了，那永远也不知道怎么教。所以，我不赞同他所说的没有遇到过这样的学生就不管、不教了。教师应该尝试着去做些努力，尝试的努力做过了，确认自己教不了、管不了，然后再采取吕老师这样的教育方式。

吕老师的方式之所以可取，在于他没有把张五常这样的学生看成是"差生"、"调皮捣蛋"的学生，采取批评、不断地批评的方式进行教育，更没有因此而放弃对他的教育，而是认识到了他的独特处，给予他独自思考与自由发展的空间，同时给予他鼓励，并且用实际行动支持他的发展。这是非常

---

① 张五常著：《五常学经济》，北京：中信出版社，2010年1月版，第38页。

了不起的。 如果吕老师只是对他谈这样一次话，后面就不再管他了，没有不论他交出什么都一定贴在墙上的行为，那么吕老师也算不上一个多么了不起的老师。 正是因为有了后面的行为，他才显示出了作为一名教师的力量。

其实，吕老师并没有放弃对张五常的教育，只是变换了一种教育的方式。 他与张五常的谈话以及后来坚持贴张五常作品的行为，不是一种教育吗？ 这恰恰是一种教育，是一种不同于往常的教育。 对待异类学生，就得用异样的教育方式。

吕老师的教育并不能说是取得了理想的效果，因为张五常仍然记过频频，考试不知答到哪里去，但大教教心，他教诲张五常"要好自为之"的话，已经深深地烙在他的心里了。 从这个角度来说，他的教育又是成功的。 张五常经历了多少老师啊，许多老师的教育没有能够进入他求学回忆的书里，而这位吕老师却让他在几十年后仍然记忆犹新。 教育的力量就这样穿越了时空，影响了学生的一生。

当面对教不了的学生时，我们应该换一种眼光去看待他们，当能够看到他们身上的独特之处时，就会对他们充满信心。

当面对教不了的学生时，我们不应该放弃他们，而应该变换一种教育方式，以一种不同于一般学生的方式对他们进行教育。

当面对教不了的学生时，我们应该想到，这是对我们的一种挑战，给我们困难和压力，也给予我们成为成功的、伟大的教师的机会。 珍惜这样的机会，相信教育的奇迹，并努力创造教育的奇迹。

呼唤"悟性教育"

禅宗的教育智慧一直为我所乐道。在禅宗教育中,有一种虚空,一种道的虚空。禅师并不把一切直接点破,而是让弟子自己参悟。或许在禅师看来,有些东西是不能点破,只能靠自己体悟的。禅宗的教育在培养人的悟性方面,确实做得非常好,值得关注,值得学习和借鉴。

反思今天的教育,很难从中看到对学生悟性的培养。今天的教育就是在不断地灌输,不断地给予,不断地进行技术技巧的训练,思维的训练,唯独缺乏对这些东西背后而又寓于其中的虚空的教育,缺乏悟性教育。

教育绝不是画一个圆,而应该只是划一段弧,另一段让学生自己去悟。学习是学习者自己的事情,学习是学习者的一种内在需要和主动要求。教育是帮助学习者完成这种需要和要求的,教育是起辅助作用的。但今天的教育已完全不是这样了,如果学习者没有学习的动机和欲望,那么就要强行灌输。当把一切知识都强行地明确无误地告知的时候,教育没有了弹性,也没有了悟性。

教育必须有所为,有所不为。教育必须为学生留出思考的空间,留出体验、体悟的空间。要讲"悟性教育"就要有教育耐心,要留出足够的时间让学生去体悟;要讲"悟性教育"就要有教育的信心,要相信学生是具有悟性的,能够悟出来的。

教育本身需要悟性。我们说教育是艺术时,其实暗含着教育要有艺术的悟性。悟性教育所培养的是人的一种素养,一种潜力,一种体悟世界的方式。教育中缺乏了这种方式的培养,也就缺乏一种灵动,缺乏了一种生机。没有悟性的教育,只会培养书呆子、呆书虫。

悟性是一种变动不居的理解世界的方式,它具有非常强的迁移力、穿透力、解释力。面对缺乏悟性教育的教育,我们呼唤"悟性教育"。

你的教学能影响学生多久

常言道："十年树木，百年育人"。教育的影响和效果是需要长时间才能够显现的。但现实却让我们发现，教育的影响与效果并不一定如我们想象的那样。我不禁要问：你的教学能够影响学生多久？

什么是教育？有人说：教育就是当你离开学校后剩下的东西。那么，当离开学校，离开教师，还有多少东西是教育（教师或学校）给予的呢？可能很多很多，这只要看看我们的教科书，看看我们的课程标准（教学大纲）或教师们的教案就可以知道了。但教师给予学生的这些东西，能够影响学生多久呢？一天两天，一年两年，十年八年，还是永远？

怎样才能够知道，我们到底影响了学生什么，影响了学生多久呢？我们发现，昨天教师教的东西，今天检查时学生已经完全不会了，他们没有掌握。教师对学生的影响没有超过一个晚上。更有甚者，我们在教学时就没有影响学生，学生当时就没有接受。

我们发现，许多在平时检查时，学生都已经掌握了东西，当过一段时间再检查时，学生已经把它们还给老师了。

我们还发现，教师教的东西，在多年以后学生仍然还记得，可教师已不记得了。我们发现，教师教的一些东西，影响了一个人的一生，甚至改变了他的命运。

都是些什么东西影响了学生的一生，改变了学生的命运呢？我们从日常的检查、平时的考试、日后学生的回访和学生的回忆中可以看到教师给予学生的影响。这些影响既有正面的，也有负面的。那些给予学生长久影响的是些什么？是什么内容、什么方式让它能够产生那么持久的影响呢？

教育是一种影响人的活动。为人师者必须思考，我们要影响学生什么，我们将怎么影响他们，我们的影响能够持续多久？我们如何才能给予学生更多的良好的影响而不是负面的影响，如何才能让自己的影响保持得更为持久？

第二辑

以学定教

一九一七年，陶行知从美国学成归国后，考察了许多学校，对当时学校教育的状况极为不满，因为「先生只管教，学生只管受教」。他说：「论起名字来，居然是学校，讲起实在来，却又像是「教校」，这都是因为重教太过。」

孔子怎样教学生

《论语》是儒家学派的重要典籍，包含着丰富的思想。它同时也是我国古代伟大的教育著作，包含着丰富的教育思想与教育实践经验。这些教育思想与教育实践对今天的教育仍然具有重要的现实指导意义。我们从《论语》中摘取一个片断，看孔子如何教学生。

子路问："闻斯行诸？"

子曰："有父兄在，如之何其闻斯行之？"

冉有问："闻斯行诸？"

子曰："闻斯行之。"

公西华曰："由也问闻斯行诸，子曰'有父兄在'；求也问闻斯行诸，子曰，'闻斯行之'。赤也惑，敢问。"

子曰："求也退，故进之；由也兼人，故退之。"

——《论语·先进》

本片断中，面对不同学生的同一问题，孔子做出了不同的回答，体现了孔子因材施教的教育实践。朱熹说："孔子施教，各因其材。""因材"的前提是熟悉、了解学生。"施教"的前提是"因材"，"因材施教"的前提就是对学生全面、深刻的了解与掌握。

在《论语》中多次谈到孔子对自己学生的评议。"子曰：'从我于陈、蔡者，皆不及门也。德行：颜渊，闵子骞，冉伯牛、仲弓。言语：宰我，子贡。政事：冉有，季路。文学：子游、子夏。'"（《论语·先进》，下同）这是孔子对自己学生的专长所作的评价。"子贡问：'师与商也孰贤？'子曰：'师也过，商也不及。'曰：'然则师愈与？'子曰：'过犹不及'。"从孔子对学生的评价中不难看出孔子对自己学生的熟悉和掌握。

在《论语》中，孔子屡次谈到子路勇敢、鲁莽、爽直、刚强。如"闵子侍侧，訚訚如也；子路，行行如也；冉有、子贡，侃侃如也。子乐。""柴也愚，参也鲁，师也辟，由也喭。"《论语·先进》中有言："若由也，不得其死然。"子路后来果然被杀死。由此可见孔子对自己学生的深刻了解。结合这些来看，就不难理解孔子对子路的回答了，正是因其鲁莽所以要摆出父兄来约束他。

如果联系孔子"有教无类"（《论语·卫灵公》）的主张也许会更好地理解"因材施教"。有教无类，即教育学生不要分其出身、等级、天资禀赋等。有教无类的思想，从社会层面来说，这是打破社会等级而对不同阶级、阶层的人进行教育，是追求教育的公平与平等；从个人层面来说，这是尊重学生差异，包含有人人可教的思想在内。正是因为有这样的思想，所以每个人都是可以对之"施教"的。正因为每个人都是个体差异的存在，所以不能以同样的方式对其进行教育，这就需要"因材"进行"施教"。在孔子那里每个学生都是活生生的个体，每个看似相同的问题其实都有着丰富的背景差异。因此，从《论语》里可以看到，不同的人不同的情境下，孔子对同一问题的不同回答。正因如此，孔子的教育总是那样的鲜活、有力。

在今天，我们同样提倡"因材施教"。可是由于种种原因，并不能做到因材施教。这有客观方面的原因，如班级授课制，一个教师面对众多学生，教师难以去了解那么多的学生；也有主观方面的原因，有些教师根本就没有主动想到过去了解学生，只是把教育当做工作，授完课就了事。在今天的教育中，"因材施教"变成了"因类施教"。有些教师把自己的教育归结为分类管理："抓两头放中间"。所谓"抓两头"，即抓学习好的和学习差的；所谓"放中间"即让中间的学生自由发展，其实是放任自流。在这种"因类施教"的教育中，每个学生的个性、差异都被"类"化了，教育并不能达到真正的效果。"因材施教"往往也会变成"因师施教"，即一切围绕教师转，教师关注点和重心在自己，以自己的喜好厌恶为中心教学生，而很少关注学生。

要想真正做到"因材施教"必须要研究两个基本的问题：一是因什么

材，二是施什么教。真正的教育肯定是建立在全面深刻了解学生的基础上的。只有加强对学生的了解，才能增强教育的针对性和有效性，才能取得良好的教育效果。只有根据学生的具体情况，具体施教、灵活施教、创造施教，才能取得教育的成效。因材施教是具体的、个别的、差异的、多元的，没有什么模式、方法等可遵循、可模仿。只有不断研究问题，具体问题具体分析，具体学生具体对待，才能做到真正的因材施教。因材施教背后的理念是：学生是具体的、有差异存在的人。因此，因材施教就要尊重学生、理解学生，在此基础上，才能给学生的发展以积极的支持。

改变教育理念，加强对学生的研究，灵活多变地施教才是真正实现因材施教的途径。

行不言之教

我们做老师的天天上课，天天就是给学生"唠唠叨叨"，言语成为我们最重要的教育手段。然而，不要忘记，有时行"不言之教"也是非常重要的。音乐上的"此时无声胜有声"的效果，靠的就是"无声"；教育要想达到一定的教育效果，有时要靠"无言"。

我们还是看看行"不言之教"的精彩案例吧。

《列子》上有个薛谭学讴的故事，薛谭跟秦国著名歌手秦青学艺，过了一段时间他觉得自己学得差不多了，便要辞师而归。秦青在野外设宴为他送行。席间，秦青引吭高歌，声震林木，响遏行云。薛谭幡然悔悟，终身不敢言归。

故事里的秦青很善于启发教育，他明知辞归的徒弟学业未成，有心劝告挽留，却不直言，而是在设宴送行时以事实教育他，使薛谭自己悔悟过来。秦青这看似"无意"，实则"有心"的做法，未曾说理，而理却在其中。这就是一种"不言之教"。

禅宗也有一则类似的公案。

一个学僧自以为在无德禅师那里学得差不多了，打算离开，于是就向禅师辞行。

无德禅师并未阻拦他，只是说："你在离开以前，给我盛一盆石子来，注意，一定要盛满！"

学僧按照无德禅师的要求，端来满满一盆石子。

无德禅师问："满了吗？"

学僧恭敬地回答："满了！"

无德禅师把沙子倒在石子上面，只见沙子顺着石子间的缝隙流了进去。

无德禅师又问:"满了吗?"

学僧道:"满了!"

于是,无德禅师又把水浇在石子和沙上。结果,水也渗了进去。

无德禅师又问:"满了吗?"

学僧一下子醒悟过来,向无德禅师礼拜,再也不提离开的事儿了。

在这则公案里,元德禅师也没有明确地挽留学生,而是用一个小"实验"让学生自己醒悟其中的道理。这也是一种不言之教。

孔子也是一个行不言之教的高手,在《论语》中有多处他行不言之教的例子。我们试看一则。

孺悲欲见孔子,孔子辞以疾。将命者出户,取瑟而歌,使之闻之。(《论语·阳货》)

孺悲是鲁国人,曾从孔子学过士丧礼。因孺悲有过,为孔子所恶,所以托病不见。孔子虽厌恶他,然不弃也,仍以曲行教育他。恶而不弃,恶而曲教,可见孔子之心胸,这是圣人气象,君子之风,大人之德行也。

孔子曾明确地说自己要行"不言之教",事见《论语·阳货》。

子曰:"予欲无言。"子贡曰:"子如不言,则小子何述焉?"子曰:"天何言哉?四时行焉,百物生焉,天何言哉?"

孔子之教大教也。大教者何,行"无言"之教也,行"不言"之教也。孔子的无言之教,是他自觉理性认识的结果,所以他说"予欲无言"。

孔子欲行"无言"之教,这是一种教育的大境界,孔子认识到教育不仅靠老师的语言说教,还要靠学生的躬行体悟。

孔子的教育源自哪里?源自他对天地万物运行规律的观察体认,他从"天何言哉"中体认到教育也可行"无言"之教。教师的教育智慧,不仅来自于书本,来自于言语的听说,也来自于教师对自然、人生、社会的体悟。在对各种事物的学习与体悟中,教师才能升华出智慧,升华出教育的大境界。

老子云:"处无为之事,行不言之教"(《道德经》)。"不言之教"的教育解读是指教师并不向学生宣讲什么,而是以自己的言行感化学生,所谓"桃李不言,下自成蹊"(《史记·李将军列传》)。目光暗示、手势暗示等在一定程度上也属于一种"无言之教"，即教师不用语言，而用动作向学生传递某种教育信息。

行不言之教，正是教育大智慧、大境界的体现。

不言之教中的"不言"是一种教育手段，是一种教育方式。虽然"不言"，但还是要达到教育的目的。从上述几个案例中，可以看到教师都达到了"不言"之"教"的目的。

"言教"非聋哑之人，皆可为之，非为贵也。不言之教，非一般人所能为也，故为贵也。

作为教师，我们当不断提升自己的教育智慧，向着"不言之教"的方向努力。

以学定教

以"学"定"教"是教育的基本原则,古今中外的诸多先贤时俊对此都有过教育实践与深刻论述。

《周易》的"蒙"卦说:"匪我求童蒙,童蒙求我。"这句话表明,蒙者学习要具有主动性,发蒙者是等待蒙者来求教的。从教学内容的角度来看,发蒙者自然拥有丰富的知识和学问,但他并不主动告诉蒙者,而是要等蒙者来"求"。求才教,不求不教。即使蒙者来求,也不是什么都告诉他,而是要求什么给什么。即使求什么给什么,也不是一下子就给了,而是要根据蒙者的程度,浅者浅给,深者深给。

《学记》云:

今之教者,呻其占毕,多其讯言,及于数进而不顾其安,使人不由其诚,教人不尽其材,其施之也悖,其求之也佛。夫然,故隐其学而疾其师,苦其难而不知其益也。虽终其业,其去之必速,教之不刑,其此之由乎!"

这段话表明,教不以学情,即违背教育的规律,会造成严重的不良后果。

《论语·学而》中记载:

子贡曰:"贫而无谄,富而无骄,何如?"子曰:"可也;未若贫而乐,富而好礼者也。"

子贡曰:"《诗》云:'如切如磋,如琢如磨,其斯之谓与?'"子曰:"赐也,始可与言《诗》已矣。告诸往而知来者。"

只有当子贡说出这样一番话来之后,孔子才说现在可以与他说《诗》了,说明孔子的教学是根据学生学情,即学习程度来决定的。如果子贡说不出那番话,达不到那样的认识水平,孔子是不会给他说《诗》的。在《论语》中还有很多次学生向孔子请教问题，孔子都是简单地给予回答，如果学生不追问，他也就不再详细解释了。孔子是个问而答，但很少释的人。问而答，如果学生能够理解了、领悟了，自然不需要再多说。如果学生对他的回答还能彻底理解，还要问，他就给予进一步的解释。如果说前面的"问而答"是根据"学情"来确定教学内容；那么后面的"答后释"则是根据学情来确定教学内容的深浅。整个的过程都是根据学生的需要、学生的学习程度来确定的，是"以学定教"的。我们常说的"因材施教"，就是根据学生的"材"即"学情"来确定教育的内容与方法。

教学内容要根据学情来定，学生需要什么内容，就向他们传授什么内容；他们能接受到什么程度，就传授到什么程度。不仅如此，教学的方式方法也要根据学情来确定。

1917年，陶行知从美国学成归国后，考察了许多学校，对当时学校教育的状况极为不满，因为"先生只管教，学生只管受教"。"论起名字来，居然是学校，讲起实在来，却又像是'教校'。这都是因为重教太过。"在他看来，"教的法子必须根据学的法子……先生的责任不在教，而在教学，教学生学。"[1]因此，他极力主张改"教授法"为"教学法"。这是以"学法"定"教法"，即根据学情定教学方法。

现代认知心理学家奥苏贝尔说过："假如让我把全部教育心理学仅仅归结为一条原理的话，那么我将一言以蔽之曰：影响学习的唯一最重要的因素，就是学习者已经知道了什么。要探明这一点，并据此进行教学。"（奥苏贝尔著，佘星南、宋均译：《教育心理学——认知观点》，扉页。）

前苏联心理学家维果茨基提出了"最近发展区理论"，认为教育要确定儿童业已达到的已有的发展水平和经过努力可以达到的可能的发展水平，这两个水平之间的距离，就是儿童的最近发展区。对教育而言，确定儿童已有的发展水平，就是确定学生的"已有学情"；确定儿童的经过努力可以达到

---

[1] 方严编：《陶行知教育论文选辑》，北京：生活·读书·新知出版社，1947年版，第10页。

的发展水平，就是确定学生的"未来学情"。教育的作为之处就在帮助学生从"已有学情"达到"未来学情"。不论是"已有学情"，还是"未来学情"，教育都必须根据学情来进行，即"以学定教"。

综观古今中外的教育实践与教育理论，可以看到，教育必须要根据学生的实际情况来进行，即"以学定教"。那些违背了这条原则的教育，最终都会给教育或学生带来不良的影响。

确定学情，是"以学定教"的前提。教师必须掌握一定的方法，快速、准确、有效地确定学情。根据学情确定教育内容是教学成功的关键，根据学情确定教学方法是教学成功的重要保证。成功的教学必须紧紧围绕学情展开。

让我们明确地关注学情，快速有效地确定学情，科学合理地施教。这样我们才能真正拥有"以学定教"这一块教育法宝！

话说"循循善诱"

"循循善诱"语出《论语·子罕》。颜渊说:"夫子循循然善诱人,博我以文,约我以礼,欲罢不能。"什么是"循循善诱"呢?

据朱熹解,"循循,有次序貌"。我们认为"循循"中的第一个"循"是动词,作遵守、依照解。第二个"循"是名词,作顺序解,其中含有规则、规律的意思。"循循"就是指教育教学要遵循一定的顺序进行。"循循"就是循序渐进地引导学生学习,就是要遵循学生的身心发展规律进行教学,就是《学记》里所说的"学不躐等"。"循循"就是由低到高、由易到难、由简到繁、由具体到抽象……一步一步地地进行教育教学。总之,"循循"就是为学生更高的学习与发展一步步地铺好路。教育是铺垫的艺术。

"循循"的步骤需要教师精心的设计,需要教师在把握教育规律的基础上具有较强的教育设计能力。"循循"更需要教师具有良好的耐心、良好的态度。"循循"是教师良好素养、良好师德的体现。

"善"就是善于,就是熟练,就是精通。"善"绝不是一知半解的、半生不熟地进行教学,绝不是一般水平的教学。"善"代表的是富有高超技巧的高水平教学。

"善"的条件是教师必须进行充分的准备,教师必须具备广博的知识,拥有非常娴熟的教育教学能力。"善"不仅是一种教育教学的技巧,更是教师智慧的体现。"善"使学生在学习知识的同时分享教师的智慧。教育是师生智慧的共享。

据朱熹解,"诱,引进也"。"诱"就是诱导,就是要调起学生胃口,引发学生的学习兴趣中求知欲望。"诱"就是不断激励。教育是激励的艺术。

教育教学伊始,教师要先"诱"发学生学习的兴趣与求知欲。当然,只是在教学伊始诱发学生还远远不够。教师还要在整个教育教学过程中注意诱导、激励学生。教学伊始的"诱"是指明学习的方向,让学生看到学习成功的彼岸的景象,激励学生向着成功而不懈努力。教育教学过程中的"诱"是为学生加油鼓劲,使学生达到"欲罢不能"的状态。"循循善诱"要善始善终,直至帮助学生达到学习成功的彼岸。

教育是铺垫的艺术,铺垫在于"循循";教育是激励的艺术,激励在于"诱";教育是教师水平的展现,教师的智慧体现在他的"善"诱过程之中。循循善诱就是一个完整的教学过程,就是教师从品德修养到专业技能得以完整体现的过程。循循善诱就是教育教学的浓缩。一个能够循循善诱的教师一定是一个好教师,一定是一个既有广博知识又有娴熟教学能力,还有诲人不倦等良好品德的教师。

愿每位教师都够循循善诱!

教师教学的三个阶段

教学的阶段性，可以从不同的角度来理解与划分。从教师教与学生学的相互信赖的角度，可以把教师的教学分为三个不同的阶段。

第一个阶段：教师替学生学

在这一阶段中，教师想方设法，如生动讲演、示范等，使学生容易学会一些基本的知识与技能等。这个阶段的教学可能是受学生欢迎，很有效的，但这种有效性，只有在教师"给"的时候才有效。有些聪明的学生可能从教师的行为中学得一些方法，但那还不是系统的、自觉的。许多人在离开教师的教学之后很快就把教师教的东西还回去了。教师的教学不能长久地影响学生。

第二个阶段：教师教学生学

在这一阶段中，教师在前一阶段的基础上，把学习的方法、规律等教给学生，使学生由个别到一般地掌握规律，把教师的传授内化为自己的方法、技能等。如果说第一个阶段是授之以"鱼"，那么第二个阶段则是让学生练习"渔"。学生已不是简单地用耳朵学习，而是用身心学习。

第三个阶段：学生自己能学

在这一阶段中，学生把所学得的一般规律运用到实际的新情境中，实现知识、能力的迁移。叶圣陶先生说，教是为了达到不需要教。不需要教的境界就是第三个阶段,学生在离开老师、离开课堂、离开学校之后,还能够不断的自我学习,自我发展。 所以,教师在教学活动中,教给学生基本的规律、方法,培养学生的学习习惯,为学生的可持续学习打下基础,才是最重要的。

优秀的教师把第一个阶段自己的个人精彩表演顺势引发、升华到一般的规律,从而有效地缩短从第一阶段到第二阶段的过程。 不优秀的教师只会不断地进行个人的精彩表演,虽然也很好,但对学生的帮助并不大。

教会学生自己学才是更为优秀的教师。

人云我教，不能持久

在《教学的四重境界》中，我区分了教学的四个阶段与境界：人云我教阶段，人我混教阶段，自创自教阶段，我说人教阶段。其中谈到，人云我教也可以受到学生的欢迎与喜爱，但必须认识到这样的教学还不是真正意义上的成功，因为它毕竟是教别人的东西，并没有教师自己真正的创见在里面，并没有独特的不可替代的内容在里面，它支撑不了多久。当学生的视野逐渐扩大，逐渐知道了教师所讲授的内容是从哪里来的时候，教师此前所构建起来的威信就会瓦解。

近日读曹聚仁先生的《书林新话》（生活·读书·新知三联书店，2010年1月版），其中有《我的读书经验》一文，此文为我们更好地理解"人云我教，不能持久"提供了很好的证明。

曹先生在文中说，他到杭州省立第一师范去读书，师从单不庵先生。"单师不庵读书之博，见闻之广，记忆力之强，足够使我们佩服；他所指示正统派的考证方法和精神，也帮助解决了不少疑难。我对于他的信仰，差不多支持十多年之久。"由此可见，单先生真的是一位非常优秀的老师，他读书广博，见多识广，记忆力又好，不仅教方法，还教精神。这样的老师应该说确实是非常优秀的了。"然而幻灭期毕竟到来了"，五四运动所带来的社会思潮，使他们厌倦于琐碎的考证。新的研究方法和学术空气使曹聚仁的思想发生了变化。他和单不庵师第二次相处于西湖省立图书馆时，对他完全失去了信仰。为什么呢？

曹聚仁说：

他是那样的渊博，却又那样地没有一点自己的见解；读的书很多，却从来理不成一个系统。他是和鹤见祐辅所举的亚克敦卿一样，"蚂蚁一般勤勉的学殖,有了那样的教养,度着那么具有余裕的生活,却没有留下一卷传世的书;虽从他的讲义录里,也不能寻出一个创见来,他的生涯中,是缺少着人类最上的较往年那创造力的。他就像戈壁的沙漠的吸流水一样,吸收了知识,却并一泓清泉,也不能喷到地上面来。"省立图书馆中还有一位同事——嘉兴陆仲襄先生也是这样的。

　　从曹聚仁对单不庵老师的信仰到完全失去信仰,期间有十多年的时间。单老师凭借自己的渊博与得当的教学赢得了学生的尊重与信仰,然而当学生的学识日渐宽广时,他(曹聚仁)认识到了这样的老师的局限,他们只是他人学问的传声筒,他们没有自己的创见,他们不值得信仰。

　　曹聚仁的这段成长经历,是具有代表性的。它对教师们的启示是:我们不能做"人云我教"的教师,虽然这样的教学也能够取得成功,也能够博得学生的喜爱、热捧甚至信仰,但它终是不长久的,它能够撑得了一时,撑得了十年八年,却不能够撑得了长久。

　　知识渊博、见多识广是从教的前提条件;教学方法得当,受到学生喜欢也是教育所需要的,然而,教育还有更高的要求,教师还应有更高的追求,那就是逐渐从他人的知识体系、教学方法等的套路里摆脱出来,逐渐创造属于自己的教学知识体系,属于自己的教学方法和教学风格,成为"自创自教"型的教师,成为他人不可替代的教师。如此,则自己的学生从你这里所学到的是具有教师"你"的个人特色的东西。

　　教师不要把自己放在"摆渡人"的位置上,教师要把自己放在"创造者"的位置上。不断地创造,不断地更新,这是教师的使命。

　　教自己的东西,应成为教师不懈的追求。

顺势引导与造势引导

顺势引导与造势引导是两种重要的教学手段，各有其适用范围。

顺势引导是指教师根据学生已有的学情，包括他们已知已会的、迷惑困顿的、心向所指的等，对他们进行或拓宽思路、或加深认识的指点。顺势引导，既是按照学生的思维方向进行的进一步点拨，也是根据学生的已有学情进行的思维导航（不一定是顺其方向的，可能是拨偏为正的，也可能是逆势拉回的）。

顺势引导，是建立在学生已知已会已有基础之上的，即学生对所要进一步学习的东西是有基础（知识基础、思想基础、认识基础等）的。

顺势引导，其根本是由已知引导学生走向未知。它适用于由学生的已知、已会、已能，引导学生走向多知、多会、多能，深知、深会、深能；由学生的已迷、已惑、已困，引导学生走出迷惑与困顿，进入澄清与澄明。教师在顺势引导中，所要发挥的作用是"辅导"。

造势引导是指教师为把已知、已会、已能的东西教给未知、未会、未能的学生，而想方设法引导学生学习的过程。

造势引导，其根本就是把学生缺乏的未知、未能、未会变为学生的新知、新能、新会。因为学生对所要学习的内容是完全陌生或基本陌生的，所以就需要教师发挥"主导"作用，运用强势力量（不是生硬力量）推动学生学习。

具体操作方法举例：（1）教师为学生提供"先行组织者"，即铺垫性的材料，让学生先理解，然后再讲述新知识。（2）教师用生动形象的事物作类比以帮助学生理解抽象的内容。（3）教师把学习的难度降低，让学生先"小步子学习"，从而达到"小步快跑"的效果，即教师为学生设置有梯度的台阶，引导学生一步步提升。 （4）教师先示范，然后再让学生练习。 这些都是造势引导的表现或具体方法。

关于顺势引导与造势引导，举一个小例子。

当学生已知划一道线，表示"一"时，教师可以引导学生划两道线表示"二"，接下来可以顺势引导学生如何表示"三"。 此时，学生很自然可以得出划三道线表示"三"。 这时你可以夸他很聪明了，这就是顺势引导。

然而，当学到四、五、六、七、八、九、十时，学生就不知道了。 因为就他已知的划一道线表示增加一个数，获得不了正确的知识了。 当学生知道"四"时，也不会自然由此知道"五"怎么写，知道了"四"和"五"，也无法由此就知道"六、七、八、九、十"等数字的写法。 这里就需要教师造势引导了。

当学会了前十个数，接下来学习"十一"时，教师告诉他"十一"就是"十"后面加个"一"；学生学会了。 然后教师告诉他"十二"就是"十"后面加个"二"。 学生已知已会了十一、十二的表示，接下来，教师告诉他"十三"到"十九"的表示方法就是十后面加上个数，可以类此类推。 这样学生很快也就学会了如何表示十一至十九。 此时，又是在顺势引导了。

很多时候，教学就是在顺势引导与造势引导的交替与交互中前进的。 教师的教和学生的学就是这样在已知与未知间穿梭的。

什么是有限教学

有效教学是教学活动的追求。如何才能实现教学的有效性，达成高效教学呢？其中，认识到教学的有限性，并充分利用教学的有限性是达成高效教学的必要条件。

低效教学或无效教学的一个重要原因是对教学有限性认识不足。有的人对此可能也有感觉，但因缺乏明确的、自觉的、理性的认识，而在实际的教学中无法充分避免或运用教学的有限性。有限教学看似是一种比较简单的认识，但取得这样的认识可能并不容易，要想利用好教学的有限性更不容易。因为教学有限性的利用需要创造性劳动的投入。

什么是有限教学？简单地讲就是教学是受到很多条件制约和因素影响的，这些条件和因素限制了教学的实施，在一定条件和因素制约下的教学就是有限教学。

这好像是一个不言自明的问题，没有必要说。然而，反思一下，我们对限制教学的条件和因素认识有多少、有多深，我们在教学中又是怎么处理这些限制条件和因素的呢？

有效地教学必须建立在教学条件和影响因素的基础之上。可以说，教学的过程就是"基于有限"，"利用有限"、"超越有限"的过程。

基于有限，就是说教学要根据对教学产生限制的条件和因素来设计、来实施。教学有限是教学实施的前提，教学中的困难、障碍与问题，都与这些有限条件有关，舍此则无法谈到教学的针对性。

利用有限，就是根据对教学有所限制的条件与因素，扬长避短，利用有利的因素，避免不利的因素，克服教学中的困难、障碍与问题。

超越有限，是教学的目标，是教学的追求。只有超越了限制教学的条件与因素，学生才能够真正有所提升与收获。

当然，对教学有限的超越不是绝对的，是相对的。教学总是处在各种限制之中，这正是教学存在的基础。

什么是教学中有限制条件与影响因素？

这包括两方面，一方面是学生已知、已会、已能的东西；另一方面是影响学生进一步接近学习目标的东西。这样两个方面，既有处在宏观层面上的，也有处在微观层面上的。对具体的课堂教学而言，处在微观层面上的东西更直接影响到每一堂课的教学效果。比如，学生对所要学习的内容存在哪些方面的学习障碍。教师只有深刻把握每一堂课中自己所面临的局限，并充分利用和打破这些局限，才能使学生真正取得突破、进步与收获。

认识教学的有限性，利用教学的有限，超越教学的有限性，这样的教学就是有限教学。只有有限教学，才能是有效教学，甚至是高效教学。

你有几套教学方案

现实社会生活中，我们知道许多部门都有一些实施方案，同时有一些紧急预案。一旦紧急情况发生，预案就开始启动并发挥作用。社会生活中的预案往往还分为不同的等级，针对不同的情况选择不同的预案。教学是一项充满不确定性的活动，教师在教学过程中，同样会遇到许多意想不到的事情，我们有没有准备教学预案呢？

如果没有，为什么不准备教学预案呢？

一般情况下，教师教学准备时都是准备一份教学设计，即教学方案，上课时就按照这一套教学方案实施教学。然而，现实中却常常会出现一些意想不到的事情，如果教师准备不到或者准备不足，就会手足无措，尴尬异常。

如果教师能够准备两套或者多套教学方案，那么在 A 方案实施受挫时，就可以实施 B 方案；B 方案实施有问题时，就可以实施 C 方案。如果教师能够有多种教学方案，那么教学的针对性、灵活性、有效性自然会提高。

教师不准备教学预案或许有多方面的原因，如准备教学预案很麻烦，许多教学预案没有用上，更为重要的是没有做教预案的意识。

什么情况下，教师会精心做教学预案？就是要上公开课、展示课或比赛课的时候。为什么这时会精心做教学预案呢？希望不要在众人面前出丑，希望能够获得好的"赛课"名次等。那为什么"常课"就不做教学预案呢？"常课"太平常了，教师不愿意费时费力费神地去多付出。从省时省力省精神的角度来说，当然不愿下大力气去准备教学预案了。

但是，从教学专业化，从提高教学效率的角度来看，准备几套教学方案是非常必要的。

从教师专业发展的角度来看，教师只准备一套教学方案，是教师教学处在低水平阶段的表现。他还没有意识到多方案教学的价值性与必要性，而且他还没有掌握设计多套教学方案的技术，还不具备这样的能力。

那些高水平的教师、优秀教师或经验丰富的老教师往往会有教学"备案"——备用之教学方案。

举个最简单的例子，用多媒体教学的教师有没有想到如果突然停电了，你的课会怎么上？要做实验的教师，如果实验仪器突然破坏了、失灵了，没有可替代的仪器了，你的课会怎么上？准备上室外体育课的教师，临上课前突然遇到了天下大雨，而你又没有准备上室内课的内容，这课该怎么上？

那些有经验的教师，总会在教学设计时更多地想些"如果……那么，就……"，从而设计面对多种教学情境的方案。教学中的变化多种多样，教师准备多种教学方案，就可以增加应对教学变化的机会。教学变化发生时，教师可以选择合适的方案或组合不同的方案形成新的教学方案。

如果你还没有在自己的教学中准备多套教学方案，那就开始尝试着做起来吧。先从每次准备两套教学方案做起，然后不断增加教学方案。当然，教学方案也并不是越多越好，而是要根据教学可能出现的变化制订。这就需要教师根据班级学生的实际情况和教学内容判断教学的可能性，根据教学可能性的大小设计不同的教学方案。

拥有多套教学方案，你就拥有了把握教学的力量，不仅可以把握变动不居的课堂，而且可以更好地把握自我，把握教学质量。

四种教学隐喻的分析

教学隐喻是人们对教学的一种生动形象的表达方式，它包含了人们对教育的理解与认识。从教学范式的角度来看，可以把教学分为四种，即授受教学范式、导学教学范式、互助教学范式和对话教学范式。每种教学范式分别拥有自己的教学隐喻，授受教学的隐喻是"教学即倒水"，导学教学的隐喻是"教学是演戏"，互助教学的隐喻是"教学是一起登山"，对话教学的隐喻是"教学是游戏"。对教学隐喻进行分析，可以使我们看到每种教学范式背后的理念与价值，帮助我们更好地理解教学。

一、授受教学的隐喻：教学是倒水

人们常用一桶水与一杯水的关系来说明师生之间的知识状况与教学情况，即要给学生一杯水教师必须至少要有一桶水。这个说法隐含着教师的知识一定要比学生的知识多，教学就是教师把自己的知识灌输、倾倒给学生。如果我们反问：教师的水能倾倒给学生吗？倒完了怎么办？于是又有了"问渠哪得清如许，为有源头活水来"，教师的那桶水不应该是死水应该是活水的说法。这个说法并没有从根本解决问题，只是要求教师不断增加自己的知识量而已。对教学而言还是灌输、倾倒，甚至是更多的灌输、倾倒。在这样的隐喻中，学生变成了可以盛东西、盛知识的容器，不仅如此，其实教师也变成了容器。在这种思想的指导下，教学就变成了一种物理模式。实际上，在这种模式指导下，并不是教师把知识教给了学生自己就没有了，而是教师把自己的知识复制后传递给了所有学生，这就像今天我们用电脑时的"复制——粘贴"的过程一样。教师希望把自己的知识原封不动地传递给学生,并让学生全部接受。常言道:"授之以鱼不如授之以渔"。不论是"鱼"还是"渔",都是"授"之的,都体现不出学习者的主动求取,也体现不出师生之间的互动。这样的教学就是标准的授受范式的教学。

在教学的认识论上,授受范式认为教学是一种特殊的认知过程。在这种认识下,授受范式的教学观实质是一种教学传递观。教学主要是由教师向学生传授人类已经积累的知识与经验,总体上看这是一种继承型的教学与学习观。教学传递观的出现与人们对知识的认识也是紧密相关的。旧的知识论主张,知识的价值就在它自身之内,求知识的目的就是求知识;知识是由他人已经发现的现成材料所构成的,掌握语言就是接近这个知识仓库的方法;学习就是从这一现成仓库中拨些东西出来,而不是由自己去发现什么东西。杜威曾形象地指出:"因为把知识自身看做独立的目的,所以古代的观念把知识看做一件现成的东西,拿来拿去,你传给我,我又传给别人,或是摆设起来,供人赏玩。知识就像一些金钱,守财奴积了许多钱,越积越多,越多越好,全不问金钱有什么用处,只觉得积钱是人生的唯一目的。旧式的知识论正同守财奴的积财观念。"[①]这是一种储蓄式学习。

在授受范式里面,人们往往把教学内容知识化、定型化、确定化,最终导致了教学趣味性、丰富性、多元性、审美性等特性的消失。确实,在授受教学范式里面,人们就是这样简单地来认识教学的。这种观念是基于一种教学的物理(机械)模式,即知识可以如物质一般简单传递,这与人们对知识的认识是紧密相关的。在授受范式的教学观念里,人们对知识的认识是:知识具有客观性,是外在于人而存在的;知识具有确定性,甲所具有的此种知识与乙所具有的此种知识,无论在质上还是在量上都是一样的。正是因为人们认为知识具有这样的特性,所以认为知识是可以原封不动地进行传授的。授受范式的教学过程就是教师授、学生受的过程。传授知识的过程就是教学

---

① 转引自单中惠著:《现代教育的探索——杜威与实用主义教育思想》,北京:人民教育出版社,2002年7月版,第191页。

的过程，接受知识的过程就是学习的过程。在物理模式的知识观里，知识的主观建构性和知识的个体差异性被忽视了。

二、导学教学的隐喻：教学是演戏

在英语里面"director"一词有"指导者、导演"等意思，可见，指导者与导演有着一种内在的联系。如果要用一个生动形象的比喻来说明导学范式，那么演戏是比较合适的。教师与学生的关系就是导演与演员的关系，教学过程就是教师指导学生演戏的过程。导演指导演员演戏，导演的指导是一方面，演员演到什么程度又是一方面，一部戏的好坏不是全部由于导演指导的好坏来决定的，也不是全部由演员的表演来决定的，而是由导演与演员组合、配合的最优化来实现的。在导学范式里，教学就像演戏，教师就是导演，学生就是演员，教学效果的好坏是由教师与学生配合的好坏而达到的结果。

这个比喻所涉及的核心问题其实是对教师与学生在教学过程中的地位和作用的认识。在接受范式里，教师是教育的主体，学生是教育的对象（或曰客体）。在导学范式里，人们对师生在教学中的地位与作用进行了重新认识。钱梦龙确立了"学生主体、教师主导"的思想，蔡澄清确立了语文教学"双主体"的思想，洪宗礼确立了"教与学都是主体"的思想。此外，许多教师如于漪等也都树立了"学生是学习的主人"的观念。学生成为学习的主人，学生是学习主体地位的确立成为导学范式最核心的思想。学生不再仅仅是受教育的对象，学生的主动性、积极性受到充分的关注，这是教学思想上的一个根本性转变。正是在这种要发挥学生主体作用、主观能动性的思想的指引下，才引申出了教师主导的思想，才引申出了训练为主线的思想。正是基于新的师生地位、作用和关系的认识，才导致了授受范式向导学范式的转换，最终使导学范式得以真正建立。

三、互助教学的隐喻：教学是一起登山

日本学者佐滕学认为应该"在传统的'阶梯形'课程之外创造'登山型'课程"。① "教学是一起登山"是互助教学的隐喻表达。登山型课程的一个特点是，不同的人、不同的小组可以选择不同的登山路途，而不是"自古华山一条道"。教学就是要让学生多途径通达目的地，改变单一路径达到教学目标的做法。师生之间的关系是登山伙伴关系。伙伴之间的关系应该是平等的、民主的、合作的、一起活动的。教师作为其中年长的、有经验的一员，在登山过程中起到导引、帮助同伴的作用，作为学生的同伴同样会帮助他一起进步。如果说在授受教学范式里面教师是"讲师"，在导学教学范式里面教师是"导师"，那么，在互助教学范式里面教师应该是"友师"。孔子所谓"三人行必有我师焉"，即是说一起行路的人是其老师。一起行路的人可能是熟人也可能是陌生人，但互助教学范式里面的教师是几乎天天与学生在一起的熟人。作为担负着特殊教育使命的教师，放下了外烁的权威，不仅在人格上尊重学生，与学生平等，而且在课程教学的参与中与学生平等，与学生成为共同成长的伙伴，成为好朋友，作学生朋友般的老师。

不过，教学是一起登山的喻设还不是很妥帖。因为登山虽然是一种多角度、多途径的活动，但毕竟还是一种单向度（向上登山）的活动。它不能充分体现出教学中的发散性、不确定性、中心边缘的互动性等特征。

四、对话教学的隐喻：教学是游戏

当考虑到对话教学的性质与实情时，用"教学是游戏"来喻设对话教学

---

① [日]佐滕学著,李季湄译:《静悄悄的革命：创造活动、合作、反思的综合学习课程》,长春:长春出版社,2003年1月版,第4页。

是比较合适的。虽然一直以来师道尊严等严肃性是教育教学的重要特征，但是教学的游戏性也从来没有被排斥，"寓教于乐"就是教学游戏性存在的明证。教学的游戏性并不仅仅表现在今天的幼儿教育中，其实在教育教学的各个阶段，它都是存在的。只不过由于种种方面的原因，它经常处于教育教学的边缘罢了。当对话时代来临时，当对话教学具备了可以实施的条件时，教学的游戏性就可以由边缘走向中心。

教学的游戏性与游戏的特征是紧密相关的。游戏的玩家是平等的，游戏的玩家是诚信的。不平等、无诚信，人家就不和你玩。游戏是参与者充分参与的，它允许参与者充分发挥自己的聪明才智。对话教学也是教师与学生充分参与的，自主参与而不是被动参与或旁观是对话教学区别于其他教学的一个重要特征，只有参与是不够的，因为参与并不意味着互动，如许多人去跳舞，各跳各的，就是参与而没有互动。只有充分的互动才能达至交流、对话与成长。游戏是充分互动的，没有互动就没有游戏，同样，没有互动就没有对话教学。对话教学的精神实质就是通过互动达至理解与成长。游戏需要发挥个人的聪明才智也需要发挥团队的合作精神。在对话教学中，同样存在个体的自我努力与团队合作相结合的学习，个体努力与团队合作在游戏中都是不可缺少的。在对话教学中，同样需要这两种精神与努力。

游戏的规则是大家共同制定的，也需要大家共同遵守。游戏规则的制定是民主、平等、自愿基础上大家共同努力的结果，是大多数人真实意愿真实表达的结果。游戏规则一旦制定就需要全体成员自觉遵守、维护、监督。但游戏规则也并不是一成不变的，当有人提出异议、提出更好的建议时，在大家的同意下，游戏规则又可以得以改变。对话教学中教学规则的产生、维护与改变等与游戏规则的产生与变更是相应的。

游戏中输赢成败是不确定的，也就是说，在游戏中的主角是不断转换的。没有谁是永远的赢家，也没有谁是永远的败者，游戏为每一个人提供成功的机会。对话教学中的主角也是不断转换的。游戏的结果是不确定的，对话教学探索的结果也是不确定的。游戏中的输赢成败并不是游戏唯一的或最终的目的，游戏的最终目的是人的愉悦——身心的愉悦。愉悦性是游戏的根本特性。而在对话教学中其根本目的是人的发展、人的自我实现。两者的落脚点都在人,而不在外在结果的输赢成败上。游戏充满内在的吸引力,正是内在的吸引力吸引游戏参与者自愿参与。教学同样是充满内在吸引力的活动。唤起、维持、满足人的"求知欲",体会智慧之美、学而时习之悦,是教学最具有吸引力的地方。对话教学就是要实现教学内在吸引力的一种教学。

游戏与对话教学喻设的相应处还有许多。基于以上考虑,我愿意把对话教学的喻设概括为:教学是游戏。在对话教学中教学的游戏性从边缘走向了中心。教师在游戏中教,学生在游戏中学,师生在游戏中共同体验探索、求知的乐趣,享受知识之美、合作之乐,充分体验成长的乐趣。儿童是在游戏中成长的,师生也是在教学游戏中成长的。

成功教学的秘诀

成功的教学有秘诀吗？

我想是有的。为什么？因为教育自有其规律，把握了教育的规律就把握了教育的秘诀。那么，什么是教育的规律呢？教育自有其多种规律，我下面把一条成功教育的模式写出来供大家参考。

明确的目的＋正确的内容＋合适的方法＋适当的反馈＝成功的教学

传道＋授业＋传、授、解＋解惑＝成功的教学

这两条公式怎么理解？有什么根据吗？当然有的。它们分别根据拉尔芙·泰勒的《课程与教学的基本原理》和韩愈的《师说》。

美国著名的课程论专家拉尔芙·泰勒在《课程与教学的基本原理》(Basic Principles of Curriculum and Instruction，可参阅罗康，张阅译：《课程与教学的基本原理》，北京：中国轻工业出版社，2008年3月版）中提出了著名的课程论原理。他认为，有四个基本问题是制订任何课程及教学计划都必须回答的问题。它们是：

1. What education purposes should the school seek to attian?

2. What eductaional experiences can be provided that are likely to attain these purposes?

3. How can these educational experiences be effectively organized?

4. How can we determine whether these purposes are being attained?

翻译过来就是：

1. 学校应力求达到什么样的教育目标？

2. 为达到这样的教育目标，需要为学生提供什么样的教育经验？

3. 怎样才能更有效地组织这些教育经验？

4. 我们怎么才能知道这些教育目标正在得以实现？

这四点进一步提炼可以概括为：课程目标、课程内容、课程实施和课程评价。

这四个方面就构成了经典的泰勒原理的基本内容。

这四条内容所构成的解释框架具有广泛而强大的解释力，它成为课程理论研究中一座难以逾越的丰碑。它的解释力不仅仅限于课程领域，在教学领域这四个方面仍然可以被运用。上面我们提到的成功教学的公式，在一定程度上就是根据了这样四个方面的解释框架。

对应于课程领域的课程目标，在教学领域就是需要有明确的教学目的。教学目的是教学的指归与灵魂。缺失了教学目的的教学就是无头苍蝇，就只是课程内容的传授，而缺失了精神力量、价值导向。

对应于课程领域的课程内容，在教学领域就是需要有正确的教学内容。正确的教学内容，需要教师保障所讲授内容的科学性、合理性，更需要教师精心选择教学内容。

对应于课程领域的课程实施，在教学领域就是需要有合适的教学方法。教学方法是成功教学的组织保障。良好的教学方法，可以有效组织教学内容，保障教学内容的有效传递。

对应于课程领域的课程评价，在教学领域就是需要有适当的教学反馈。教学反馈包括教师根据教学动态及时调整教学目标、教学内容、教学节奏、教学方法等方面，也包括教师与学生进行必要的对答、回应。

成功的教学离不开这四个方面，可以说这四个方面中缺乏了任何一个方面，教学都是有缺陷的。

韩愈在《师说》一文中提出了"师者，传道、授业、解惑也"的著名论断。我们发现它完全可以和由泰勒原理所衍生出来的四个方面相对应。

传道，表明教学要有明确的"目的"。这个"道"，就是教学的目的。"道"不是单独存在，或孤立存在的，它是内隐于、内含于"业"中的。

授业，表明教学要有正确的"内容"。这个"业"，就是教学内容。

解惑，表明教学要进行适当的"反馈"。解惑是在教师"授业"的过程中或"授业"后师生之间的互动，是教师帮助学生解决学"业"、悟"道"过程中的"惑"，即"费思处"、"不解处"、"不通处"、"不达处"。这个过程就是一个教学反馈的过程。

"传"、"授"、"解"是教学方法。这些方法在我看来，还不是具体的教学方法的称呼而是教学方法称呼的部分总称。"传"有"传"的方法，"授"有"授"的方法，"解"有"解"的方法。各种方法又是多姿多彩的。比如，"解"法中，"直接告之"是"解"，"反向问之"以启发思考也是解，给予方法让其自悟也是解。教师要根据不同的情况，选择适当的方法，才能达到良好的教学效果。

总之，教学有规律，成功有秘诀，把握规律，综合运用就能够使教学取得成功。

合作写作：作文教学的有效方式

早在20世纪30年代，叶圣陶、夏丏尊先生合著的专门写给中学生看的语文教育名著《文心》一书中就已经提到学生合作写作的情况。如第4回里乐华和大文共同给李先生写信，他们还提到，"从前在小学校里，有时也共同作文，全级的同学合作一篇文字"。第6回里，为了写抗日宣传稿，朱志青提议："请先把大意商定，推一个人起草，然后再共同斟酌吧。"大家商定后，推汤慧修起草，然后交大家看过修改定稿。这里文稿的写作也是几个同学共同创作的。

从这些文字里我们可以看到当时学校作文教学的一些情况，那时就已经注重学生之间的合作写作。在国外的作文教学中，合作写作的方式也是经常被运用的，而且受到学生们的喜爱。在我们目前的作文教学中，很少有两个或多个学生合写一篇作文的情况。在作文教学中教师指导学生互批作文的方式是常用的，但教师指导学生合作写作的情况是少见的。传统写作观中，人们认为写作是个体的行为方式。作文教学也是以培养学生个体的写作能力为中心而展开的，忽视了合作写作能力的培养。随着合作学习的推广，让学生在写作中进行合作将成为作文教学的一种方式。不仅如此，合作写作有着它自身独特的功能。事实证明，合作写作是作文教学的一种有效方式。笔者以为应该在作文教学中加以适当运用。

《学记》云："独学而无友则孤陋而寡闻。"同学在相互促进认知方面有着不可替代的作用。同学之间相互交流、互相合作是学习的一个重要条件。学生合作一篇文章，可以共同修改、相互评定、共同斟酌，从而在认知水平、写作能力等方面得到提高。合作写作有着许多个体写作所不能达到的功能与效果。

在合作写作过程中，同学之间要围绕写作内容进行商讨，讨论的过程就是思想交流、思维碰撞的过程。许多思想的火花在商讨、摩擦、碰撞中产生。这些思想的火花往往具有极强的生成性、鲜活的生命力。许多新想法、新思想在互相碰撞、相互激励中产生、发展、成熟。学生个人写作时往往感到束手无策、无从下手、无话可说、无材可用，其实学生并不是缺少素材，而是缺少激发。由于缺少激发，所以学生大脑中的素材找不到迸发的突破口。在合作写作中，由于有其他同学思路上的刺激，往往能激活学生个体大脑中的部分信息进而激发、调动出更多储存已久的信息，达到思路开阔、左右逢源、文思泉涌的境界。

在合作写作过程中，当意见相左时，同学之间会依事理、情理展开讨论、辩论甚至争论从而过滤掉哪些不成熟、不适合的东西。《文心》中写乐华与大文给李先生写信时的情形是这样的："他们先把要说的话都说出来，然后相互批评，这几句是不用说的，那几句是可以归并到哪里的。批评过后，再商量哪一段应该在前，哪一段应该在后。造句也共同斟酌，由乐华用铅笔记录下来。"这简短而精彩的描写为我们绘就了一幅学生合作写作的图像。在合作写作中，学生会对文章立意、结构安排、遣词造句、标点符号等各个方面互相把关、共同斟酌、去粗取精、削繁就简。这样就可以促进学生作文水平的全面提高。因此，合作写作的过滤功能和互补功能，可以保证学生们创作出比个人写作更精彩、更凝练的作文。毕竟"三个臭皮匠顶个诸葛亮"、"多人智慧胜一人"。

在合作写作过程中，不仅学生的作文水平可以全面提高，在讨论、辩论、争论中，学生的认识能力也得到提高，他们对事物的认识更清楚、更明白、更深刻。论辩的过程也是思维磨砺的过程，学生的各种思维品质，如思维的敏捷性、广阔性、严密性、灵活性等，在磨砺中得到了很好的锻炼。

在合作写作过程中，可以对学生进行合作教育同时促进其情绪智力。合作写作任务是写作，方式却是合作，因此它也是对学生进行合作教育的一种方式，在培养学生的合作意识、合作精神、合作能力同样有着积极的作用。由于合作而产生的良好的人际关系还可以增加学生的情绪智力。研究表明，和谐融洽的人际氛围可以产生情绪智力。情绪智力可以激发人的工作热情，提高工作效率，激发人的聪明才能的发挥。堪称世界最著名的思想库之一的美国电报电话公司贝尔实验室聚集了最优秀的技术人员。这里取得举世瞩目成就的根本原因，不是这些人具有特别高的智商，而是这些一流学者之间友好、愉快和有效的合作，也就是说他们的情绪智力超过常人。良好而融洽的同学关系有利于学生的心理健康，有利于激发学生的学习欲望，有利于提高学习效率。

在合作写作过程中，还可以加深同学间的相互了解，增进同学情谊。《文心》中写到乐华和大文在共同写作过程中"彼此觉得满意的时候，兴奋的微笑便浮现在两人的脸上。""他们感到今晚的共同写作，那种趣味是极端新鲜的。"可见，这次合作给两人带来心理上的愉悦。学生合作写作的作文是他们劳动的成果，成长的记录，也是他们友谊的象征。深厚的同学情谊是学生成长过程中不可或缺的组成部分，因合作写作而加深的同学情谊也会成为学生人生中的美好回忆。

在合作写作的组织方式上，教师可根据具体情况采取不同措施。一般而言，在合作人数上不宜太多，以两、三人一组为宜。人数太多势必分散大家的注意力，意见不易统一，容易造成时间、精力上的浪费。在成员构成上，可以尝试不同水平、不同程度人员的组合。比如，让心理相容的人组成共意型小组。这样的小组最好以自愿组合为原则形成。心理相容的人在一起合作比较容易出成绩，但成绩往往有缺陷。让兴趣、性格等有差异的人在一起形成互补型小组，让写作好的与写作差的学生在一起形成提高型小组。这样的小组有利于"差生"成绩的提高，也可以调动优生的积极性、发挥他的长处、实现其自身价值。合作写作的组织还可以拓宽合作的对象。比如，让学生与父母合作，与高年级或低年级的同学合作等。实践证明，学生与比自己水平高的人合作，提高的速度和幅度都比较大；学生与比自己水平低的人合作则会促进他的成熟程度。需要注意的是，在合作写作的教学组织中要使每一位学生成为真正的合作者，即写作的积极参与者（虽然不一定是执笔者）；要防止一人写作他人挂名、合作偷懒等现象的出现。

作文教学的性质决定了学生的写作是学习性的，而不是如作家写作那样的创作性的。合作写作的过程就是同学之间或合作者之间相互学习、相互促进的过程。合作写作的教学方式是由传统的"师教生学"向"生生互学"方式的转变，是由"前喻学习"向"并喻学习"的转变。上述可见，合作写作在学生提高认识、磨砺思维、精炼语言、培养合作、增进情谊等方面都能够起到显著作用。它是作文教学的一种有效方式，应该在作文教学中加以适当应用。

你的教学走向何方

教学需要有一定的方向，需要有一定的目标。教学方向是教学活动的指引，没有方向的教学就像无头的苍蝇，只会到处乱闯乱撞。教学目标是教学方向的具体体现，在一定程度上代表了教学方向。但是教学方向是比教学目标更远的、更超前的指引。

在现实的教学中，在教学设计中，教师会对每一堂课教学目标认真思量的。但是不能仅仅局限于每堂课的教学目标，还要思考这一堂课一堂的教学目标，最终要达到什么要的教学目的，将指向哪里。

遗憾的是，在现实的教学中，许多教师只注重了一堂课的教学目标，而忽视了教学方向。现实的教学需要具有超越性，需要超越课堂的教学目标，需要超越现实的教学本身，指向更远的方向。

教学要为学生的成长与发展指明方向。教师要明白，通过自己的教学要把学生引向何方。这就需要教师具有长远的眼光和超越的意识，在实践的教学中，既立足现实，又超越现实。

教师目光的长远，教学目标的长远，就会使学生的学习具有长远的方向，就会为学生提供更为长远的发展空间。短视的教师，沉浸在具体课堂教学目标的教师，是不可能有长远眼光和长远方向的。

教师要具有长远的眼光，要深刻认识长远的力量。如此，才能够使现实的教学从事务繁琐的境地中超脱出来，才能够把学生引向更为高远之处。

好的教学必定是给予学生以长远指引的教学，而这样的教学，首先需要教师有长远的眼光和长远的教学打算、长远的教学设计。

教育教学必须具有长远的眼光，教师必须清楚自己的教学将走向何方，将把学生引向何处。

教到学生不会为止

在与教师共同备课时，时常听到有教师说问：教得这么深，学生理解得了吗？有的干脆说：教得这么深，学生理解不了。

我想，还没有教，怎么就知道学生理解不了呢？或许他们是根据经验吧。在我看来，即便学生理解不了，也要尝试着去教。

我们知道，教学的过程或学习的过程就是学生从不知到知、从知少到知多、从知浅到知深的过程。这个过程有时是学生不能自己独立完成的，因此需要教师的帮助，即教师的教。教师的任务就是帮助学生完成这个过程、缩短这个过程，提高由前一状态到后一状态转化的速度与质量。

我们的教学，很大程度上满足于把学生从不会教到会了，也是就是把教学的终点定在学生会了。在我看来，这还不是教学理想的结束状态。

我理想中的教学状态是学生经过一个过程的学习，由不会到会了，进而教师提出更高的目标，学生继续前进，一直到学生尽力后不能再前进了为止。也就是说，教学结束的理想状态是，学生带着未知离开、带着需要继续学习的悬念离开、继续努力的渴求离开。

整个的教学过程是学生带着未知进来，解决所带来的未知，带着新的未知离开，只有教到这种状态，教学才是饱满的。

遗憾的是，今天的学校教学，只满足于第一种状态，即把学生"教会"，甚至连这一种状态都没有教好，更谈不上把学生教"不会"了。

第一种状态中把学生教"不会"，是教师的教法有问题，是教师的水平不够，是很低水平的"教不会"。而第二种状态中的把学生教"不会"，则是高水平的，是教师教学艺术的体现。

其实，中国古人早就有把学生教到不会为止的思想与实践。

《学记》云:"必也听其语乎。力不能问,然后语之。语之而不知,虽舍之可也。"意思是说:(教师)必须倾听学生的发问。如果学生提不出问题,教师就要告诉他们;告诉他们如果还不明白,暂时搁置也可以。

《学记》里的这种思想,不就是把学生教到不会为止吗?

《论语·述而》云:"不愤不启,不悱不发。举一隅不以三隅反,则不复也。"孔子说:学生如果不经过思考并有所体会,想说却说不出来时,就不去开导他,如果不是经过冥思苦想,而又想不通时,就不去启发他。如果不能举一反三,就不要再反复地给他举例了。

孔子这里所说的"不复"的状态,其实就是学生不会、不能的状态。在教学中,学生提出问题,孔子就回答;学生提不出问题,他就不回答。学生达到一定的状态了,才开始教一定的内容。这不也是把学生教到不会为止,等学生到了一定的水平和程度再进行施教吗?

教学应该有更高的追求,不能只满足于课堂上把学生教会了。把学生教会了,意味着学生还有更多的发展空间和更大的发展潜力,而教育者没有把它挖掘出来,没有把这些发展空间丰盈起来,没有让这些发展潜力发挥出来。要达到教育效果的饱满状态,就要不断地调动学生的学习能力,推动其发展能力,一直教到他们"不会"为止。

教师只是完成了规定的课程内容,即把课程标准或教材上规定的内容教会学生了,只是合格或称职,还算不上是好教师。好教师应该有超越精神,应该把学生引向更高处和更深远处。这高处和深远处,就是学生"不会"处,力所不能及处。

当学生,从不会到会,再从会到不会,再突破二次不会时,学生就必然会发生更深刻的变化,走向更深远处。

教学,不能只满足于把学生教会,还要追求把学生教"不会"。

教学,教到学生"不会"为止!

第三辑

置身课堂

教学也有精气神。课是有核、有心、有气的。只有围绕课的核，守住课的心，凝聚课的气，才能够上出好课。好课应该是目标明确，重点聚焦，中心突出，内容集中，节奏紧凑的。这样的课才能够给人以深刻的印象，才能把教师想要给学生的东西深深"打入"学生的心中。

唯一答案何时休

某日到一所学校听一节小学一年级的识字复习课。老师用多媒体上课，其中一个环节是"医务室"——让学生修改病句。第一句是："课间十分钟在走廊里追赶打闹"。一个学生回答："课间十分钟不能在走廊里追赶打闹。"教师给予了肯定然后让电脑来证实一下他的回答是否正确。电脑显示："课间十分钟不能在走廊里追赶打闹"。同学们为他回答的完全正确而鼓掌，老师夸奖学生真聪明。第二句："十月一日是儿童节"。学生回答说："六月一日是儿童节。"电脑显示与此一致。老师说："大家记住：六月一日是我们儿童自己的节日。"接着进入第三句："上下楼梯靠左走"。学生回答："上下楼梯靠右走。"……整个课堂气氛相当好。在有些人为活跃的课堂气氛和学生的出色表现赞叹不已时，我却感到这里面还有些隐含的问题，说出来与大家探讨。

1997年开始的语文教育大讨论曾经对语文课上追求唯一答案给予过相当尖锐和深刻的批判。从这节课来看，追求唯一答案的现象在语文教学里面仍然存在。

第一个句子的修改，可以用"不能"，当然也可以用"不要"、"不可"、"不可以"、"禁止"等词语。这些词语对一年级的小学生来说是完全可以做到的。或许为了电脑里面提前设计好的那个标准答案"不能"，就让学生"不能"回答其他的，就让学生放弃了运用其他词语的机会。对语文来说，用不同的词语来修改这句话完全是行得通的。老师放弃了一个让学生充分表达各种想法，然后对比在这个句子里在什么情境下用哪个词语会更好的机会。而这个机会是学生揣摩、体味语言的好机会。

第二个句子，完全可以改为"十月一日是国庆节"，不知为什么这个教师没有向学生讲明这一点。不论是从育人还是从语文教学角度来说，这都是一个失误。从育人角度来说让学生记住儿童节是重要的，让学生记住国庆节也是重要的。语文教学中的爱国主义教育、思想品德教育等应该是渗透在教学过程中的，像修改这个句子的时候就可以适当的渗透一下常识教育或爱国主义教育。从语文教学角度来说，让学生知道像这样的病句其实可以有两种修改方式，这对学生的思维发展或修改技能的发展也是非常必要的。正因教师或电脑里面事先设定好的标准答案而放弃了另外一种完全可以并列存在的方式。

第三句除了可以改为："上下楼梯向右走"之外，也可以改为"上下楼梯不要向左走"。这也是完全可以说得通的句子，可是教师完全放弃了让学生多元表达的机会，也放弃了自己深入引导、启发的机会。或许教师是为了赶教学进度，可为什么要赶教学进度呢？让学生学得精彩一点、扎实一点，做到举一反三，不是比匆匆而过要好得多吗？学生可能想不到还有其他的方式，但教师可以教他们，可以启发他们啊。

其实，上面的句子还可以有其他改法，比如，"课间十分钟请不要在走廊里追赶打闹"，"上下楼梯请不要靠左走"等。在这种改法里面加上了一个"请"字，就变得口语化了。这在一定程度上就把口语交际教学渗透在识字教学之中了。原来的句子都是标语式的句子，给人一种冰冷冷的感觉，这种标语式、口号式、生硬的句子对一年级的小学生那鲜活的生命来说太不合适了。语文教学应该富有生活气息、充满人文色彩、关注生命发展，儿童的识字也应该生动活泼，贴近学生生活。

有感于此节识字课，我不禁想问：教学中的唯一答案何时休？教学中并不是没有唯一答案，有许多东西是有唯一答案的，但更多的东西是没有唯一答案的，答案可以多元化、多样化。教学的魅力是在多元表达、多元呈现中表现出来的。用唯一的答案去教学生只会使学生的思维力单一化，不利于学生思维能力和语言能力的发展。我们提倡开放的、多元的语言表达，也提倡开放的、多元的教学。当然，对这节课的这一环节提出太多要求或许是过分的，但我想通过本文说明：我们其实可以做得更好。

别把课上散了

去听一个教师的课,听到一半实在听不下去了。 这个教师一会儿讲这个,一会儿讲那个;一会儿讲这里,一会儿讲那里。 不知道他要讲什么,整堂课好像所涉很广,其实没有核心。

教学也有精气神。 课是有核、有心、有气的。 只有围绕课的核,守住课的心,凝聚课的气,才能够上出好课。 好课应该是目标明确,重点聚焦,中心突出,内容集中,节奏紧凑的。 这样的课才能够给人以深刻的印象,才能把教师想要给学生的东西深深"打"入学生的心中。

然而,在现实的教学中,我们常常发现有些人把课上散掉了,把课上成"散课"。 "散课"有如下几个方面的表现:

一、教学目标不明确

教学目标是教学的方向指引,教学目标的缺失、模糊、散乱是教学的忌讳。 在教学实践中,有些教师把教学设计中的教学目标当作了摆设。 有些教师没有目标意识,教学中目标不明确,只知把教材内容传递给学生,而不知道为什么要把这些内容传递给他们。 这样的教学因为缺失了明确的目标而走向了散漫。

二、教学主题不突出

教学应该围绕一个明确的主题展开。 如果教学主题不突出,而是围绕话题展开教学,那么因为话题缺乏边界的规定性,会使教学走向散漫。 把教学主题变成了教学话题，或者教学多主题、主题不突出，都会导致教学走向散漫。

三、教学主线不清晰

教学应该有一条明确的主线，这条主线是贯穿教学始终的红线，不能断断续续，不能若有若无、忽明忽暗，更不能千头万绪。教学主线不清晰，或多线行进势必会把课上散掉。好的教学，应该是围绕主线，环环相扣、层层推进、终达目标的。

四、教学内容不集中

一堂课所传授的内容是有限的，应集中地把内容传授给学生，而不是把大量的信息涌现给学生。教学内容不集中的主要表现是多而乱。教学内容多，表明教学内容的选择尚不精当；教学内容乱，说明教学内容组织的科学性、序列性还不够。如果内容不集中，在呈现时又缺乏系统的组织，势必会把课上散。

五、教学节奏不紧凑

教学节奏应该张弛有度，但总体上应该以紧凑为主，因为教学要在有限的时间内传递更多的教学信息，以提高教学效率。但有些教师的教学节奏太缓慢了，说一句，半天才吐下一句，让人等好久才听到下一句，这样势必造成思维的滞障、情绪的烦躁与注意力的游离，让人感到课散掉了。

要想不把课上散，就需要教师确立明确的教学目标，确定明确的教学主题，抓住教学的主线，提炼教学的内容，掌控教学的节奏。教学目标明确、教学主题鲜明、教学主线清晰、教学内容集中、教学节奏紧凑的课，才能称之为"有核的课"、"有心的课"、"有气的课"，从而也是有效的课。

教学需要课堂明星吗

"小蔡,你来!"
"小蔡,你有什么看法?"
"请小蔡来回答一下。"
……

听课时,一个叫"小蔡"的学生深深留在了我的印象里,并不是因为这个学生回答得多好、多出众,而是因为在一节课里,教师一共提问了他7次,小蔡还主动站起来提问了一次。也就是说,这节课里小蔡共获得了8次发言机会。我也发现,这节课里很多的学生没有发过一次言。

我不由想起,另一次听一个著名教师的课,也出现过类似的情况。这个名师是借班上课,一开始她让学生们推荐一名学生朗读课文,后来,这个朗读课文的学生获得了4次发言机会,每次教师都给予了鼓励。与此同时,我也发现,好多学生无动于衷。上课结束时,教师对这个学生再次进行了表扬:这堂课,××同学的表现真好,他就是这堂课的明星。

看来,我们的教学中还真是存在"课堂明星"。

教学需要"课堂明星"吗?

当课堂变成了教师和几个学生的课堂,当教学变成了教师和课堂明星的互动,教学真的存在问题了。

某些学生为什么能够获得更多的发言机会、表现机会? 学生的积极主动是一方面,教师的偏爱是更重要的方面。

教师喜欢积极主动的学生,这样的学生可以积极配合教师,与教师进行积极地互动,由此可以避免教学冷场的尴尬,可以活跃教学的气氛。对教师来说,当然是希望出现热烈的教学局面,活跃的教学气氛。

然而，从教育的角度来说，当课堂成为了教师与几个"明星学生"的课堂时，更多的学生被这表现热闹的景象遮蔽了，更多学生的学习状态被忽视了，他们成为了沉默的大多数。当课堂出现沉默的大多数的时候，教学之轮也就开始走向沉沦。

教学是面向全体学生的教学，不是面向一两个学生或某几个学生的教学。当教学面向几个"明星学生"时，教学就发生了偏向、教学的轨道就发生了偏离。

教育机会均等是教学的基本伦理。从教育公平的角度看，教师只关注几个活跃的学生，而不顾及其他的学生，这是不公平的，违反了教学伦理。

教师只关注明星学生，给其他学生造成的不良影响，还不只是没有得到发言机会或表现机会这么简单。这在一定程度上压抑了其他学生的积极性，甚至会使一些学生形成依赖或偷懒的思想：反正有"小蔡"呢，反正有"课堂明星"呢，由他们去发言好了。此时，更多的学生就成了课堂中的旁观者，而不是参与者，虽然他们置身课堂，但他们却置心于课堂活动之外。

与"课堂明星"相对的是"课堂听众"与"课堂看客"。教学在培养"课堂明星"的同时，也在无形之中培养"课堂听众"和"课堂看客"，而不是课堂的主人。教师与"课堂明星"积极热烈的互动中，无形之中，把其他学生变成了"课堂听众"和"课堂看客"，把大部的学生排斥在课堂教学之外。

从这个角度看，教师与"课堂明星"的热烈互动所造成的活跃气氛，是一种教学成功的假象，非但不能代表教学的成功，反而恰恰代表了热闹掩遮下的更大失败。换言之，课堂教学只是局部的成功，却导致了整体的失败。

教学是艺术，是平衡的艺术，是掌控的艺术。教师要在活跃学生、激发学生与沉静学生之间进行掌控和平衡，既要保护活跃学生的积极性，给予他们表达与展示的机会，也要激发、沉静学生的积极性，让他们动起来，参与进来，防止他们成为"课堂听众"、"课堂看客"。这需要教师树立"面向全体学生而教"的坚强理念，需要教师树立牢固的"教育公平"意识，需要教师掌握良好的课堂机会分配与平衡艺术。只有这样，才能让更多的学生，甚至每一个学生有发言与表现的机会，才能实现课堂教学的真正公平、公正。

课堂教学中可以有表现突出、表现优秀的学生，也需要更多这样学生的涌现；但课堂不是教师与某几个"明星学生"的课堂，真正的课堂需要的是每一个学生的积极参与，追求的是全体学生的共同成长！

教学不需要"课堂明星"！

一直高举的手

有个小学女教师借班上公开课。或许由于借班上课的缘故，一开课，她让学生向她打个招呼。立即有些学生举手，她先让前面一个没有举手的小男孩站起来，他说忘记老师叫什么了。教师让她与自己打个招呼，小男孩只好说：老师你好。接着，教师去找其他学生向她打招呼。她又请一个小女孩向自己打招呼。有一个小男孩一直举着手，教师没有看她，继续问：还有谁要向我打招呼。她从这个小男孩身边经过，走向教室后面，请坐在后面的学生回答，然后继续找人和自己打招呼。这个小男孩的手一直高举着，教师又一次从他身边经过，仍然没有叫他。教师去找前面的学生回答了，最后也没有叫到这个小男孩。最后，小男孩只好无奈地把手放下了。

看到这儿，我很有些为小男孩感到不平。

学生一直高举着手，其实是非常希望老师提问到他的，可老师并没有提问到他。老师一来一去，两次从他身边经过都不叫他。这是为什么？这会让这个学生怎么想？不要说这个学生，连我这个旁观者都感到有些受不了了。

教师为什么没有提问一直举手的小男孩，在我看来是教师的视野太狭窄了，她没有看到这个小男孩的手一直在高举着，她更没有看到这个男孩子无奈地放下手时的情态。教师忽视了学生积极举手的行为，也就忽视了学生的心理需求。

如果学生确实表现很积极，教师应该给予他机会。给予表现的机会，就是给予学生以鼓励。如果一直得不到发言的机会，那么学生学习的积极性就会受到伤害，就容易产生挫折感、失落感。

当然，如果学生一直很积极地举手发言，教师也不能一直把机会给他，而是要与他协商：我们把机会给其他的同学好吗？这既是一种协商，也是对一直积极要求发言学生的一种教育，更为重要的，这是教育公平的表现。

教师要放宽视野，目扫全班，能够看到每一个学生的举手，以及从其举手的神态中判断其心理需求。在此基础上，根据教学需要和学生的需求提问，而不是只顾自己的想法进行提问。

让谁回答，不让谁回答，这是教师手中的一种权力。教师必须审慎地用好这种权力，不要让这种权力滥用，不要偏向于某些个体或群体。否则，就会导致忽视、伤害某些个体或群体。如果这样，教育就发生了偏离，就成为了一种伤害。

因此，看似平常的提问中，让学生回答其实包含着深刻的教育权的运用问题，包含着教育公平的落实，也包括教育平衡的艺术。

教师对学生的举手发言，要给予综合与平衡。

积极举手的，要给予机会，甚至优先给予机会，以保护其积极性。

总是很积极举手的，要给予协商，通过协商使之明白把机会让给其他同学是一种美德。

不积极举手的，教师要主动请他回答，让他通过回答得到锻炼，得到鼓励。

只有这样才能兼顾各种学生的学习积极性，给予各种学生以发展的机会，真正实现教育公平，促进学生健康成长。

把握"课场",控制"课势"

"场"作为物理学的名词是物理学中对物质相互作用范围的名称,是"物质存在的一种基本形态,具有能量、动量和质量。实物之间的相互作用依靠有关的场来实现,如电场、磁场、引力场等"。[①]

教学是有"场"的,即教学场,教学场是教师与学生在教学环境中所形成的特定的教学情境。现代教学多是以"课"的形式出现的,我们也可以把教学场称之为"课场"。

在教学中,教师和学生都"在场"的。"课场"是师生在教与学的相互作用中所形成的教学基本形态。"课场"对教师的教与学生学都具有重要的、直接的影响作用。"课场"可由教师主导,也可由学生主导;可形成有利于教师教的形态,也可形成有利于学生学的形态;当然也可形成不利于教师教的形态与不利于学生学的形态。从教学的角度看,教师应该把握"课场",让它形成有利教学的"场"。

教与学是两回事情,但在教学中两者并不是背行的,而是有机统一的。教师教得好,有助于学生学得好;学生学得好,在一定程度上有利于教师教得好。因此,教师的教学状态和学生的学习状态,以及师生互动的状态,是构成"教学场"的主要状态与要素。此外,还应该加上教学环境在教学中的介入,这样就构成了"课场"。

要形成有利于教学的"课场",需要教师以饱满的精神状态,充分的准备状态,良好的临场发挥状态进入教学;需要教师精心设计教学情境,营造教学情境,充分调动学生的积极性,从而把握住教学的"场"。教师把握住

---

① 《现代汉语词典(修订本)》,北京:商务印书馆,1996年7月修订第3版,第143页。

"课场",就是形成有利于教学顺利推进的局面,形成有利于教学的积极力量。

教学不仅有"场",还有"势",即教学之势,我们也可以把它称之为"课势"。

"课势"与"课场"一样是由师生活动状态所构成的一种教学态势。它可能偏向于教师的活动,也可能偏向于学生的活动。如果让学生"得势",教师的教学就会受到牵制;如果让教师得势,教师就要保持在高位上,以高位的教学态势引导着学生跟着教师的思路前行。教师要想在教学中"得势",就需要在掌握"课场"的基础上,抓住学生的兴趣点,抓住学生的思维,让他们在自己的引导下经历教学中的抑扬顿挫、起承转合,经历思维的波澜起伏。

是课必有"场",却未必有"势"。一个好的教师应该把课上出"势"来——上出"气势"来,上出"优势"来。"势"需要"造",即课堂教学中的"造势";"势"也需要"用",即课堂教学中的"用势"。

教学中,教师要把握好"课场",营造好"课势",掌控利用好"课势",才有助于教学的积极推进;反之,不能驾驭教学的局势,教学就会偏离教学的目标或中心,就会走向散漫。

教师要充分营造"课场"、把握"课场"、利用"课场",同时要学会营造"课势"、驾驭"课势"、利用"课势"。教师把握了"课场",调控住"课势",也就把握了"课局",即课的整体发展状态,就可以顺利地进行教学,上出好课。

需要说明的是,教师把握"课场"、控制"课势",并不是从教师要"控制"学生、限制学生的角度出发的,而是从推进教学、推动学生更好地学、帮助学生更好地学的角度出发的。怕有人误解故专作此说明与澄清。

课堂里的沉默

课堂里充斥着各种各样的声音，教师的讲解、提问、范读，学生的回答、朗读、讨论，等等。除了这些有声的声音之外，课堂里还有另一种声音——沉默。长期以来，人们对课堂里的沉默关注不够，其实，课堂里的沉默包含着丰富的教育信息和教育内涵。沉默不是静寂无声，沉默是一种实实在在的声音，沉默是一种有分量的声音。沉默是课堂里一种特殊的声音，应该给予它足够的关注。

一、课堂中会出现尴尬的沉默

不愉快事情的发生，教师或学生的失误，出人意料、措手不及事件的出现，教师鼓励学生提问学生没有反应，教师问到学生知识结构的空白处学生反应不过来，教师提问后学生羞于回答、拒绝回答而教师束手无策……这些情况都可能引起尴尬的沉默。

尴尬的沉默充满了心理张力。当尴尬的沉默出现时，一种紧张的氛围和心理压力弥漫在课堂里，教室里死寂的声音似乎令人窒息。尴尬的沉默往往是教学行为无效或失败的一种表现。这样的沉默应该促使教师进行反思，通过反思增加教育智慧，提高教育技巧。

尴尬的沉默必须被打破，不然，它会破坏课堂教学，影响师生关系。师生双方都有可能打破尴尬的沉默。教师及时转变策略、调整教学、转移话题、改变交流方式等都可以打破沉默。学生也可以通过接受合作、表明态度、实际行动等方式打破沉默。当然，沉默也可能被第三者所打破。沉默的打破应该是教师教育智慧的体现，是学生幡然而悟的结果。教师绝不可把自己的意志强加于学生头上，绝不可以已之意强迫学生接受。

在课堂教学中，要尽力避免尴尬沉默的出现。避免的措施和努力不仅在课堂内更在课堂外，在日常教学中良好师生关系的建立，在教师教育智慧的增长，在学生综合素质的提升。

二、课堂教学需要深思的沉默

教学活动本身具有巨大的理智挑战性和广阔的理性思考空间。"教学活动本身即是一种理性的探险，亦即师生双方不断地借助于理性去理解教学活动的各个要素，不断地拓展自己的思想领域，将思想的触角伸向远方，探索种种'未知世界'的过程，并在这个过程中获得亚里士多德所说的那种'理智的愉悦'。"[①]正是因为教学是一种理性的探险，所以教学需要不断的理智思考。当面对教学任务、教学难题时，师生双方都会陷入沉思之中。这时深思的沉默出现了。

如果说尴尬的沉默充满心理张力，那么深思的沉默则充满探索的欲望，它指向问题解决的远方。任何问题解决的思路、方案、结果都是打破深思沉默的引子。如果教师能够制造单方深思沉默，即让学生陷入深思沉默，教师静候学生的佳音，那么，沉默不再是教学失败的表现，而意味着教师引导的成功。这时紧张的不是学生的心理，而是学生的大脑。外在静寂的沉默里蕴含着学生积极跳跃的思维。

三、课堂教学需要回味的沉默

精彩的课堂教学应该给学生留出回味与想象的时间与空间。或许是被人物的命运所打动，或许是为作者高超的手法所折服，或许是被教师的情绪所感染，或许是刚刚经历了课堂教学的高潮，或许是刚刚完成理性的探险，

---

① 石中英. 教学：一种理性的探险[J]. 北京：教育科学研究，2003，(5)

或许……课堂教学中有太多值得回味的东西。

如果说尴尬的沉默应该短暂,那么回味的沉默则应该长久。学生还处于挥之不去的情绪感染之中,还身处刚刚经历的情境之中,这种回味的体验或许多会让学生终身铭记。

如果说尴尬的沉默必须被打破,那么回味的沉默则应该被保留。如果说深思的沉默体现教学的理智之美,那么回味的沉默则体现教学的情感之美。

实际课堂教学中的沉默远比上述要复杂得多。在集权式课堂里,教师不仅剥夺了学生的言说权,也剥夺了学生的沉默权。当教师让学生言说时,学生必须言说、必须回答,学生的沉默,意味着不配合,意味着对教师的无礼、无视,对教师的不满或挑衅。其实,这是不民主的表现,也是不合教学伦理的。沉默是沉默者对自己权益的保护,不想暴露自己也不想伤害他人。学生有言语权,同样有沉默权。教师应该尊重学生的沉默选择。

课堂教学需要言说,也同样需要沉默。"极端地说,有时学生的沉默也是一种参与——在沉默的外表下,思想在主动燃烧,心灵在自由飞扬。"[1]

沉默确实是一种参与,不是形式上的参与而是智力上的、情感上的、精神上的参与。沉默的力量并不比言说的力量弱。教师要给予学生言语权,更要给予学生沉默的时间和空间,让学生充分享受深思的沉默与回味的沉默。

让学生在沉默中成长,应该成为每位教师的教学智慧。

---

[1] 李镇西、张伟:《漫谈语文课堂教学的民主》[J].山西:语文教学通讯(高中刊),2003,(9)

聚焦学生不和谐的声音

课堂教学中，学生常常会发出一些不和谐的声音。这些声音往往会给教师带来许多苦恼。其实，这些不和谐的声音里往往蕴含了丰富的教育信息和教育内涵。不和谐声音的出现是对教学的干扰，也是教育时机的来临。教师如能够辨识这些声音的内涵，有针对性地加以对待，就会收到良好的教育教学效果。

一、引起关注

课堂教学中学生会故意大声地回答问题、发出洋腔怪调、故意引逗大家发笑等。对于这样一些"不和谐的声音"，教师可能会理解为学生爱出风头、故意捣乱、为难老师，等等。其实，应该把类似不和谐的声音理解为学生希望引起老师或同学们的注意和关注。根据美国著名人本主义心理学家马斯洛的需要理论，这些不和谐的声音说明学生需要被关注的需要没有得到满足，希望通过这样一些声音来引起大家对他的关注，这是一种缺失性需要。如果缺失性需要得到满足，学生就会产生成长的需要。

面对上述情况，教师应该给予学生更多的关注，通过课下谈心、课上提问、目光交流等方式满足他需要老师注意的需要；通过安排任务、当众表扬等方式满足他需要大家关注的需要。希望引起关注的学生往往具有一定的能力，能够承担一定的任务，他们也往往希望参与到各种活动中来。教师要充分激发他们各方面的积极性，让他参与进来，使之人尽其能、人尽其才。

二、积极参与

每个人都想在大众面前发出自己的声音，不论这种声音是强大的还是弱小的，正是这种表现欲驱使着学生积极参与到课堂中来。学生为了争取发言权会，抓住点滴的时机，充分表达自己的观点。课堂教学中往往会有学生插嘴、抢答、出人意料的发问或回答等。教师可能会理解为学生不懂礼数、不守规矩。其实这样的不和谐的声音，正是学生积极参与的表现。插嘴说明他一直在积极倾听、积极思考，说明教师的讲授激发了他的思考；抢答说明他思维敏捷、反应迅速；出人意料的发问或回答说明他思维独特、有创新的一面。

学生的课堂参与可以分为被动参与和主动参与。学生主动参与的课堂教学才是有生命力的教学。这些不和谐的声音正是学生主动参与的表现，正是课堂教学取得良好效果的表现。教师要维护学生的参与权，让每个人的声音通过正当的途径生发出来。

三、表示抗议

如果某些正当需要得不到满足，学生就会发出一些不和谐的声音以示抗议。这些需要可能是缺失性需要，也可能是成长性需要。比如，学生在课堂上的故意咳嗽、唉声叹气、窃窃私语、窃笑等等，都可能是对教师授课乏味、上课拖堂等发出的抗议和不满。在教师权威的压力下，学生没有机会表达自己的不满，也没有其他途径表示自己的不满。正因为学生正当的声音没有正当的发泄途径，才会有不和谐声音的出现。

面对不和谐的声音，教师不要把它看成是对自己"龙颜虎威"的挑衅，不要把它们看成是无法无天的表现，不要去责备学生不守纪律、不试图理解老师，而应该及时反观自身，及时调整教学行为，如改变课堂教学方式（如由讲授变为练习或提问）、调整教学内容等，以消除不和谐声音的影响。这样，教师才能赢得学生的尊重与信任，才能建立内在的权威。这就要求教师要有对自身严格要求和不断追求教学进步的精神，要有博大的胸怀，能够宽容与理解学生。

四、我本无意

教师不明就里的出错引起学生的哄堂大笑，课堂上发出如雷的打鼾声，学生在下面窃窃私语……有时课堂里会发出这样一些不和谐的声音。如果遇到这样的声音，教师首先应该做到的是宽容与理解。学生的哄堂大笑是因为他们情不自禁，学生的打鼾可能是因为他太累了，学生经常窃窃私语可能是因为他们的自制力太弱或者是教师的授课不精彩没有吸引学生。学生本无意去打扰老师的讲课，本无意去冒犯教师的尊严。教师要学会运用教育智慧去纠正它们。

不要去斥责学生的大笑，不妨来一下自我解嘲；不要去拧学生的耳朵把他叫醒，不妨用暂时的停顿让他自己醒来；不要去打断学生的窃窃私语，不妨用关注的目光让他们自觉停下。在教师的教育智慧中，学生会敏锐地感觉到教师的宽容与关爱。

课堂里学生不和谐的声音代表着学生的心声：成长的渴望、求知的热情、进取的思想、参与的愿望。学生的每一种声音都有它丰富的内涵。一种声音到底是什么意思要在具体情境下来分析。比如，学生上课把桌椅弄出刺耳的声响，他可能是想引起大家的关注，也可能是对教师表示不满，还可能是不小心弄出了声音。对具体情况教师要有针对性地加以处理。

只有教师把握了每一种学生内心深处的声音，才可能真正改变课堂上不和谐的声音。教师要善于运用多种方式手段改变课堂教学中具有干扰作用的不和谐的声音，变噪音为乐音，让课堂充满教育智慧。

在教师能够妥善处理各种不和谐声音的课堂里，充满着宽容、理解与爱，充满着融洽的师生关系，课堂教学焕发着教育智慧的光芒。

讲台功能的转变

讲台只是一种教学设施,其设置目的是便于教师授课和学生学习。讲台在空间上高出的一小截,把教师高高地凸现起来,使教师的形象更高大、更具说服力。长期以来知识掌握和控制在少数人手里。按照米歇尔·福柯(Michel Foucault)的观点,知识产生权力。拥有知识的教师自然拥有了话语权,同时拥有许多不自言明的权力。知识上的先知与多知,加上外显位置上的高大,教师权力在讲台上彰显起来。教师在获得话语权的同时获得了对讲台的专有专用权。无形之中,教师就把讲台由纯粹的服务于教学而转变为只服务于教师。这样,讲台由服务于教学的教学设施转变为理所当然地只为教师服务的专有场所,讲台成为教师的用武之地,学生被拒斥于讲台之外,并且这种状态被合法化。

由于话语权的获得,教师还获得了对学生和课堂的组织权、管理权、控制权等权力,讲台正是教师行使手中各项权力的地方。讲台在成为教师布道授业阵地的同时成为其组织教学、管理学生、控制课堂的制高点。教师高高地站在讲台上向学生滔滔不绝地宣讲,指挥着学生做这做那。学生只能仰望着教师,洗耳倾听,在老师的耳提面命下做这做那。在这样的过程中,讲台成为管理控制的场所,成为教师权力的象征,具有了一种社会意义在里面。

权力产生尊严。现代课程中,教师权威主要靠外在力量形成和维持。教师一走上讲台,就具有权威性,而且这种权威是不可动摇的。为什么他具有这种权威?就因为他具有教师的身份和职位,就因为制度化、合法化的师道尊严的存在。作为师道尊严附属品的讲台也因此具有了凛然不可侵犯的威严,成为近似神圣不可侵犯的圣地,成为师道尊严的象征。师道尊严造成了师生之间心理上的隔膜。正是这种隔膜,使学生对讲台产生一种敬畏的心理。学生对讲台的畏惧其实是对师道尊严的畏惧。这样一来，讲台在物理空间上高出的一点点，把教师与学生隔离开来，讲台成为教学中的孤岛，成为阻碍师生关系的屏障。

随着社会的发展和进步，特别是网络时代的到来，知识走向大众化，知识越来越普及使得它不再为上层社会和教师所专有。同时，知识的先知与后知之间的界限被打破，并且整个社会发展呈现出"后喻时代"的趋势。人们开始寻求对原有秩序的新的认识。后现代主义以及建构主义理论的发展为人们重新认识世界、认识传统的教学带来全新的思维方式，也为我们重新审视讲台的功用开辟了新视角、提供了新依据。基础教育课程改革更是以对话理念来支持和推进新课堂教学的进行。这一切变化都要求讲台功能的转变。

在新的课堂教学中，传统的话语权力被消解了，每个人都享有着平等的话语权，每个人都有权力被理解，都有机会表达自己的理解。讲台不再为教师专有而对师生共同开放。师生之间达成共识，形成教育契约，大家在共同遵守的契约范围内共同使用讲台。讲台不是你的，也不是我的，而是大家的。由于权力的分享，管理与控制变成为交流与对话，民主与平等得以真正实现。讲台不再是横亘在师生之间的鸿沟，而成为吸引、凝聚师生平等对话的平台。这样一来，传统的师传生受的课堂结构被打破了，师生互动、生生互动的丰富多彩、变化不居的课堂活动在讲台上呈现。讲台原本单一、封闭、沉闷的状态一变而呈现出多样、开放、活跃的面貌。讲台上展现的是意气风发、挥斥方遒的学子们的风姿，是知识渊博、纵横捭阖的教师们的风采。讲台成为师生自由展现生命活力、聪明才智、激情和创造力的地方。

上台、下台、台上、台下，教师在讲台上下位置的变化意味着教师角色的转变。教师不再是布道者、导演者、施号者，而是学生学业上的导师、成长中的伙伴、生活中的朋友。教师是助长者也是成长者。教师不再以身份、职位的权力来威慑、控制学生，教师的威信来自教师自身的知识修养、人格魅力、教师创造性劳动本身，即教师威信的确立来自其内部素养而不是外部地位，它是在与学生的交往中自然而然建立起来的。

教师角色的转变导致师生关系的改变。师生之间在物理空间上的变化引起师生之间心理空间上的变化。由于讲台成为师生共用之地，师生或同台演出或同席而坐，共同的活动拉近师生心理距离、密切师生关系，使师生结合成真正的学习共同体。师生之间互尊、互敬、互爱、互助，真正实现师生共同成长，实现真正的教学相长。

简言之，由"教师布道授业的讲台"变为"师生平等对话的平台"是讲台功能的根本性转变。这看似简单的转变背后是教学观念转变的支撑，是新的教育理念的实行，是社会发展与进步的推动。在新的课堂教学中，讲台的功能将发生质的变化：由"教师专用"变为"师生共用"，由"管理控制的场所"变为"自由开放的舞台"，由"师道尊严的象征"变为"民主平等的标志"。讲台不再是教师的自留地，而是师生共同成长的园地，师生共同在这片土地上劳作，共同收获教育的果实。由于权力的分享、民主的达成，讲台将变成自由开放的师生共同活动的舞台，关于知识、智慧、真善美的主题都将在这里上演。讲台神圣不可侵犯的威严将被打破，师道尊严的象征也将不复存在；讲台成为师生民主平等的标志，成为师生互献聪明才智，共同提高、共同成长的见证。

充分考虑学生的生活经验

一日在江南某大都市的一所学校听一节小学一年级的识字复习课。教师让学生猜谜语复习已学过的字。猜谜方式应该说是好的，但在运用这种方式时，却出现了一些细微的不足。这种不足可能是教师没有意识到的，但却说明了一个问题，教师没有充分考虑学生的生活实际。

一个谜语是："小小姑娘穿黑衣，秋去江南春回归。从小立志除害虫，身带剪刀满天飞。"这所学校本身就是江南的学校，而谜语中的"秋去江南春回归"却是站在北方的立场来说的，这在一定程度上拉开了学生与谜语之间的距离，把本该贴近学生的教学变得疏远了。或许教师是从材料上看到这个成语拿过来就用了，没有注意这个问题，如果能够注意一下并适当做些改动就会感觉特别好。比如把第二句改为："秋在江南春回北"或"秋住江南春去北"。这样谜语的视角就是江南视角而不是北方视角，有利于学生思考，也符合实际情况。

还有一个谜语是："木头架子空中悬，两条辫子接上天。小小主人来驾驶，来回动荡画弧圆。"这个谜语难住了不少听课教师，学生也出现了分歧。一些学生说是"圆规"，另一些学生说是"秋千"，最后老师揭示答案是"秋千"。这个谜语确实存在难度，一般猜谜语都要告诉猜谜人猜测方向，即打一何事物。可教师没有告诉学生，这就造成学生猜谜的难度增大，使学生找不准努力的方向。还有一个重要原因就是这个谜语有些地方远离学生的生活实际，特别是第一句"木头架子空中悬"。许多一年级的小孩子可能都玩过秋千，但有些人只是在公园、学校等地方玩过。因为是在一所大城市里，这些地方的秋千往往不是"木头架子"，而是铁架子或塑料架子等。当教师在解释这个谜语时，就有"圆规派"的学生提出：秋千不是木头架子的，是铁架子做的。 对农村学生而言他们能够很容易地理解木头架子的秋千，但是大城市里的部分学生没有见过木头架子的秋千，上述谜语出现时他们就不会向着这个方面思考，由此造成他们认识上的困难。 所以，教师在呈现材料前应该充分考虑学生的生活经验，尽量提供贴近学生生活实际、学生能够接受的教学材料。

常言道：教育无小事，事事是教育。 通过这小小的课堂教学细节分析，可以看出教师对教学的细节考虑还不足，对教学的地域性考虑还不够，对学生的生活经验考虑还不充分。 由此我想说：教学要贴近学生的生活实际，要充分考虑学生的生活经验。

教师时刻为学生着想，处处为学生铺桥搭路，学生就能朝着正确的方向思考，就会有效提高课堂教学的质量。

如何面对学生插嘴

在教学过程中,每个老师都会遇到学生上课插嘴的情况吧!老师正在讲,学生突然就插嘴了。面对这样的情况,教师应该怎样应对呢?

学生插嘴有不同的情况,有的是与教学内容有关,有助于教学推进的;有的则是与教学内容无关,妨碍教学进展的。对教学中的插嘴,历来有两种态度,一种是"堵",禁止"插嘴";另一种是"放",允许"插嘴"。"堵"与"放"取决于学生的插嘴是否关乎教学内容。如果与教学无关则要"堵",如果与教学内容有关则要"放"。当然,这其中"堵"与"放"又有许多具体的策略。

前些天听了一节辅导班的作文课,任课教师对学生的几次插嘴进行了不同的"堵"的应对,我觉得还是很有借鉴价值的。

上课伊始,教师正在讲上次作文的情况,一个学生忽然插嘴,插嘴的内容与老师所讲内容完全无关。教师通过表明自己不喜欢的态度,禁止学生的插嘴行为,他对着那个学生说:"不要插嘴,老师不喜欢。"学生不说话了。

教师开始读上一次作文中的范文时,有几个学生在小声说话。学生的这次插嘴,虽然不是针对老师的范读,却影响了教师的读和其他同学的听,此时教师没再采取表示禁止的态度,而是采取了教育的态度。教师对着他们说:"倾听也是一种艺术啊!"让学生学会倾听,既禁止了他们插嘴,又对他们进行了教育,可谓一举两得。

教师布置了新的作文任务,问学生们准备怎么写作文,拟对学生的写作进行写前指导。两个男生不管老师,你一言我一语地说话。教师温和地对他俩说:"你们两个一唱一和,彭老师不说了!"说完停止了下来,那两个学生也随之停止了下来。这一次面对插嘴，教师采取了温和警告、自我停止的策略。

面对学生的三次插嘴，教师的应对各不相同。一次是明确表示不喜欢的态度，一次是教育学生学会倾听，一次是警告学生、自我停止。三次应对都达到了预期的效果。因为学生的插嘴内容都与教学内容无关，会影响到插嘴者自己的学习，影响到教师的教学与其他学生的学习，所以教师及时制止他们插嘴的行为是正确的。

整个过程中，教师都没有表现出严肃或不满的情绪和态度，她的情绪始终是稳定的、态度始终是平和的，表现出一个成熟教师面对学生插嘴时的良好心态。这种稳定的情绪、平和的态度为应对学生插嘴等不良课堂行为，提供了良好的心理基础与应对氛围。

有些学生插嘴是与教学内容有关的，可能表达出学生急于表达的迫切心情、学生独特的见解等。对于这样的插嘴，教师不能轻易给予否定，而要迅速判断其插嘴内容的价值，如果有价值要快速转化为课堂教学资源，使之成为新的教学生长点，生成新的教学内容。

应对课堂教学插嘴，虽然是一件很小的教学技术，却可以体现教师的教学水平和教学修养，值得关注。

如何面对学生的调皮

有些学生很调皮，在课堂教学中也一样，会不断给教师制造一些麻烦和教学障碍。面对课堂教学中学生的调皮，教师该如何应对呢？

在前些天听了彭老师的一节小学四年级的作文课，有些调皮的学生就制造了不少小麻烦、小障碍，彭老师都一一化解了。

彭老师讲评上次作文的情况，她找这个班里的学生作文本，找了一会儿没有找到。彭老师说："找不着——关键时候掉链子。"她自我解嘲了一下。下面一个学生喊："老师，你慢慢找。"彭老师没有说什么，沉默有时是很好的应对办法。

接下来，彭老师要表扬写得好的学生，她开始念学生的名字。这时下面有个学生喊："你拿得哪个班的？"原来，彭老师念的学生不是这个班的，是另一个班的。彭老师没有理这个学生，而是换了现在这个班的学生的名字。面对这些的情况，采取不理的方式是个不错的选择。

讲课过程中，彭老师拿出两个纸包，把一张一百元的钱放在其中一个纸包里，说如果谁猜到了，就把这张百元大钞奖给谁。学生们兴高采烈地开始猜，彭老师说学生们猜得自己心惊胆战。一个学生调皮地大声问："老师，你会不会得心脏病？"彭老师平和地说："心脏病倒不会。"当学生故意捣乱时，顺势而答是一种化解的好办法。

根据教学的需要，彭老师请一个学生到讲台上来拿着两个纸包，展示给同学们看。几个调皮的学生或者说好奇心强的学生走上讲台，围着这个同学看。对此，彭老师没有理会他们，任由他们看，又一次采取了不加理睬的方式。有些时候，不加理睬，任由学生去做，不会使课堂教学失控，反而增加了课堂教学的自由感与活动空间。有些调皮行为会自动消失，有时候管反而会使学生更来劲，会生出更大的麻烦。 不加理睬，有时可以自动消解一些麻烦。

活动过程中，彭老师需要到教室外把一百元钱藏在纸包里。 当她回来时，几个调皮的学生把教室的门插住了，不让彭老师进来。 彭老师推门进不来，她在窗外对学生们说："还有五秒钟，再不开门就弃权了！"学生们在活动中通过自由选择分成了两组，他们要竞猜老师手中哪个包里藏着一百元钱。 学生听到彭老师说的话，赶紧把门打开了。

活动后，彭老师让学生写下作文题目。 她开始在课桌之间转来转去看学生们写的情况。 当转到后排时，一个女生伸出一条腿拦住了她，不让她过去。 彭老师对那个学生说："你在用你的形式告诉我，是吗？ 好的！"学生放下了腿。 我不知道，那个女学生为什么要伸腿拦住老师，对彭老师的这句话也不理解：这个学生用这样的方式告诉了她什么呢？ 我看得出来，这个学生是个很正常的学生，没有什么特殊的地方。 虽然我没有看懂师生之间的这次交往，但我知道彭老师的应对成功了，她让学生放下了拦住自己的腿，自己可以通过了，可以继续看其他同学的拟题情况了。

在整个教学过程中，彭老师遇到了一些调皮学生的挑战，但她通过各种方式一一化解了，表现出良好的教学应对能力。 教学中，学生的调皮很多并非恶意，只是一种好奇或者自我表现的表达。 大多数情况下，教师不用为这些小调皮而烦恼，更没有必要对学生发火动怒。 保持平和的心态，学点应对的技巧，轻描淡写就可以把这些小调皮给化解掉。

如何对待迟到的学生

学生迟到，是每个教师都会遇到的情况。学生迟到会打断教学思路与教学进程，影响师生的活动。学校纪律中是禁止学生迟到的，但学生迟到又是不可避免的，当学生迟到时，教师该如何对待呢？

对学生的迟到，有的教师采取惩罚措施，有的采取教育的措施，还有一些其他措施。前几天听了一节课，有两个学生迟到，任课教师就采取了不同的面对措施。

先是一个男生迟到了，他没有直接敲门进来，也没有喊报告，而是爬在窗口往教室里看。老师发现了他，开门让他进来，并对全班学生说："我们班的迈克·杰克逊来了。"

同学们看到他哈哈大笑。迟到的学生也有些不好意思地对着同学们笑笑，回到座位上去了。老师继续上课。

不一会儿，又有一个小女生来了，也没有喊报告，而是静静地向教室里走来。她走到讲台前时，这位女老师搂搂她的肩，指了一个座位，并引导她过去坐下。这个班里学生的座位是不固定的，随来随坐，这个学生来时座位已基本上坐满了，所以才会出现教师引导学生找座位的行为的出现。

我们可以看到，这位老师对学生的迟到没有采取惩罚的措施，也没有教育，而是采取了欢迎与帮助的措施。这样的应对，没有引起什么教学问题，反而融洽了师生关系。

可能有人会问：这样处理学生迟到，会不会存在鼓励迟到的问题？比如，为了获得老师的欢迎，那个"迈克·杰克逊"会继续迟到；为了获得老师搂一下肩的关怀，那个小女生会继续迟到。

我想这样的情况是极少数的，学生的迟到总会是有原因的。这两个学生应该不是习惯性迟到。如果是习惯性迟到，教师可能也就不会采取这样的措施了。当然，习惯性迟到则是一种教育问题了，需要认真研究、采取相应的措施进行专门应对。

谁都会有事，或由于某种原因而迟到，教师也不例外。对于学生偶然的迟到，教师应该采取宽容和理解的态度。

面对学生的迟到，给予更多关心与爱护吧！

让课堂响亮起来

　　教师请一个女学生回答问题，这个女生说话声音很小，细声细气的。教师只好走到她的跟前听。坐在后排听课的我，几乎听不到那个女生在说什么。这时我多么希望，老师能够让学生声音大一点，可是老师没有这么做。

　　在教学的学情分析中，教师说：本班的"课堂气氛一直不够活跃"。从课堂教学看，这个班的课堂气氛确实不活跃。为什么"一直不够活跃"呢？不知教师有没有思考过这个问题。从"一直"来看，课堂气氛不活跃是很长时间以来的事情了，为什么在这么长的时间里，教师没有改变这种状况呢？这不应该是教师研究的一个课题吗？

　　在与教师的交流中，得知教师也曾经努力过，但还是不能改变现状。这说明前面的努力还没有取得效果，还需要进一步深入研究，提出有针对性的措施。

　　学生发言的音量里其实就蕴涵着丰富的教育内容。为什么有的学生发言声音很响亮，而有的学生声音很微弱？为什么有的班级里的学生声音都很响亮，而有的班级里的学生则很微弱？

　　学生发言的声音小，可能与学生的性格有关。如果一两个学生如此，可以这么理解，但是如果许多学生如此，再归结到性格上可能就有问题了。

　　学生发言的声音小，可能与性别有关。女生可能声音小些，男生可能声音大些。但如果男女生的声音都很小，就不是性别的问题了。再者，即使是女生，也并不一定声音都小，也不应该因为是女生就让她们说话声音很小。

　　学生发言的声音小，可能与学生的信心不足有关。如果这样就应该想办法增强学生的信心。学生的信心足了，那么说话的底气也就足了；说话的底气足了，也就可以说出响亮的话语了。

　　学生发言的声音小，可能与教师的权威有关。教师如果很强势，那么就会给学生形成一种无形的压力，使学生不敢在教师面前大声说话。从教学现场看，好像不是这方面的问题。那是什么问题呢？既然是集体的课堂气氛不活跃，是否与班风有关呢？

　　学生发言的声音小，可能与班风有关。班风与班主任、任科教师的引导有关，与学生之间的交往状态有关。这就需要班主任和任课教师对整个班级的状态进行深入分析和反思，并从中找到突破口。

　　轻声细语的说话是一种文明的表现，大嗓门说话是一种不礼貌、不文明的表现。但轻声细语也要分场合，当需要大声回答问题的时候，却轻声细语，让大家听不到就成为问题了。再者，培养学生的口语表达能力是语文教学的任务之一。学生在回答问题时，都不能够清晰响亮地表达自己，那么在其他的地方、其他的时候，又怎么去表达自己、表现自己呢？

　　教师应该想办法让学生说话底气足起来，声音亮起来。

　　我们不可能短时间内改变学生的性格，但我们可以通过努力增加他们的自信心、可以构建有生机和活力的班风，可以用好的班级管理风格和教学风格去影响学生。教师必须为此做出努力，哪怕只有点滴的改变也要做。

　　魏书生深知学生声音的大小与教学气氛之间的关系，与学生心理之间的关系。有一次他上公开课，那是夏天上午的最后一节课，天热，学生累，也紧张。他知道这样上课很容易失败，于是他请学生们大喊三遍"我能成功"，要求一遍比一遍声音大。学生们喊后，他认为三遍基本一样，没有层次，他请学生们注意三次力量的分配，不要平均使用力气，最后一遍用全身的力气高呼。"我能成功！我能成功！！我能成功！！！"学生们一声比一声大，喊过之后，会场里充满了活力，学生紧张的情绪一扫而光，对上好这堂课，充满了成功的信心。

　　在平时上课时，魏书生的学生们也经常这样高呼。魏书生认为，"特别是全班同学齐声高呼时，有一个群体效应，有'场效应'，大家互相竞争，互相感染，互相鼓舞，在这'我能成功'的声浪中，怯懦、紧张、疲劳、懈息、拖拉、自卑的情绪常常被驱赶得无影无踪,尽管这些情绪过了一段时间还可能回来,但经常这样驱赶,自卑紧张的情绪就少得多了。"①魏书生的分析很有道理,让学生在高呼中消除不良情绪,建立积极情绪,学生就能够以积极、活跃的状态投入到学习中来了。

在课堂教学中,魏书生与学生建立了一套"暗号"系统,遇到学生回答声音很小的时候,他就会做出一种提高音量的"按钮式"手势。学生得到这个提示,就知道要提高自己的音量了。

一个声音的改变,会给班级产生很大的影响;一个同学的活跃,可以带动几个同学的活跃。当教师让轻声细语、细声细气的学生发言响亮起来时,班级里的气氛也会活跃起来。让学生大声地表达出自己的观点,不仅在培养着学生的口语表达能力,也在改变着学生的信心,改变着班级的风气,改变着教学的状态。

请让你的学生大声言,让课堂响亮起来!

---

① 魏书生著:《班主任工作漫谈》,桂林:漓江出版社,1993年8月版,第137页。

读出不同的语气

这是一节语文课，上的是周敦颐的《爱莲说》。投影放出了文中的三句话：

噫！菊之爱,陶后鲜有闻。

莲之爱,同予者何人?

牡丹之爱,宜乎众矣！

在讲解之后，教师让全班学生朗读。学生读完后，教师很干脆地说：读得不好！

怎么不好了？学生读得挺流畅的，声音也很响亮。

教师说：

没有把三句话的不同语气语出来。第一句"菊之爱,陶后鲜有闻"，应该怎么读？后面是个句号,语气应该是平的。第二句"莲之爱,同予者何人"，后面是个问号,语气语调应该是上升的,表达出唯有我一个人喜爱莲花的那种孤独感。第三种"牡丹之爱,宜乎众矣"后面是个感叹句,语调应该是下降的,表达出作者的无奈之情。

朗读指导后，老师要求学生按照指导再朗读一遍。经过了指导之后的朗读效果，果然好多了，教师所要求的那种效果读出来了。

教学教什么？教学就是教学生自己不能做到的东西。把课文读流畅、读响亮了，学生能够做到；然而通过不同的语气语调，读出其中所蕴含的不同的感情是学生所不知道、没有做到的。教师作用的发挥就在这里，即指出学生的问题所在，并给予学生正确的引导。经过了这样的学习过程，学生就知道了、做到了，就从原先的台阶上升到一个新的台阶、从原先的水平上升到一个新的水平，学生就提升了。上述教例中，教师指导下学生的学习正是这样一个过程，所以这是真正的有效的教学过程。如果没有第二个教学指导环节，只有前面的朗读过程，那么教学是无效或低效的。

有效教学过程的实现，靠的是教师的专业性引导。从上述教例，可以看出，有效教学过程的实现，需要教师敏锐地发现问题的能力，需要教师专业化指导的能力。

上面的教学中，教师对学生第一次的朗读不满意是很有道理的，如果她就这样轻易地放过了学生，那么学生就得不到提高，教师的专业性和指导作用也得不到体现。

换个角度来看，第一遍学生朗读得不到位，是因为教师指导得不到位。如果教师就这样放过了，恰恰表明了教师的专业水平不够。只有专业性强的教师，才能够从看似没有问题的朗读中发现问题的所在，并且给出富有针对性和指导性的帮助。

对语文教学来说，朗读是一种需要培养的能力。学生仅仅读得流畅和响亮是不够的，还必须读出情感，通过朗读体验作者的情感。

经过了教师的朗读指导和学生的朗读实践，这堂课才体现出语文课的味道，体现出学科教学的特性。否则，只是让学生朗读，达到熟悉课文的目的，教学是不充分的、不到位的。

注意教学中的细节，是教学充分、到位的重要保障；是教师专业性发挥的重要表现，是学生学习能力和水平提高的重要途径。

深挖细剖出真知

一位教师教周敦颐的《爱莲说》，对其中"晋陶渊明独爱菊"和"予独爱莲之出淤泥而不染"两句中的"独"字并没有给予特别的关注，只是按照教参翻译，翻译为"仅仅"。

在教学研讨时，专家指出其实这两个"独"字是不同的，不论是在表层义，还是在情感义上。

从表层义上看，"晋陶渊明独爱菊"中的"独"字，应翻译为"特别"，陶渊明还爱其他的花，但在众多花中，他"特别"爱菊。"予独爱莲之出淤泥而不染"中的"独"字，则翻译为"只、仅仅"。

从情感义看，"晋陶渊明独爱菊"中的"独"字强调的是菊的孤傲，"予独爱莲之出淤泥而不染"中的"独"字强调的是莲的高洁。

教学中，只有把这两层意思都揭示出来，才能够使学生对两个"独"字有更深刻的认识，对两种情感有更深入的理解。然而，教学中教师并没有关注这两个"独"字的区别，而是把它们等同对待了。这样教学就无法深入，教不出深意，也教不出新意。

语文教学与其他教学的一个最大区别在于，语文教学的矛盾主要不在"知"与"不知"之间，而在"知少"与"知多"、"知浅"与"知深"之间。教学不是教学生会的，学生能够从课本或教参中看得到的东西，而是要教学生不会、看不到、看不深的地方。如果教学中，教师能够揭示出两个"独"字在表层义和情感义上的区别，那么教学就进入了新的境界，学生就会在教师的引领下，在对"独"字的咀嚼和体味中，对汉语的表达魅力有更加深刻的体验，对作者的情感有更加深入的体验。这样的教学就教出了语文的味道，教出了语文的特色。

要教出语文的深意，教师必须先到达语文的深处。

这就要求教师有非常广博的专业知识和非常强的专业水准。教师要深入细致地挖掘字词的含义，挖掘字里行间隐藏着的深刻和字里行外隐匿着的涵义。对文言文教学而言，教师对一些字进行探源，即解析字源可能是必要的。由此，我想起另一篇课文《黠鼠赋》共同备课时的情形。《黠鼠赋》中有这样一段：

苏子夜坐，有鼠方啮。拊床而止之，既止复作。使童子烛之，有橐中空。嘐嘐聱聱，声在橐中。

教材对"啮"的注释是"咬"，对"橐"的注释是"袋子"。在共同备课时，老师们并没有特别注意这两个字。

我提出来问：""啮"是什么意思？"

老师们说是"咬"，教材中就是这么注释的。

我问："是一种什么样的咬呢？老虎咬叫"啮"吗？狮子咬叫"啮"吗？人咬叫"啮"吗？"

老师们开始思量。这时有个老师说柳宗元的《捕蛇者说》中有"以啮人，无以御之者"，其中的"啮"也解释为"咬"，应该没有错的。

我说："解释为"咬"没有错，但是不准确，确切地说"啮"应该是一种怎样的"咬"呢？"

老师们答不上来了。经过探讨，大家认识到："啮"确实不是一般的"咬"，"啮"是"啮齿科动物"的咬，这种咬一般齿痕比较细小。老鼠、兔子、蛇等动物的"咬"才能叫"啮"，老虎、狮子等的"咬"是不能叫"啮"的。

查阅《现代汉语词典》，对"啮"的解释是：〈书〉（鼠、兔等动物）用牙啃或咬。

关于"橐"字，老师们更是没有多想。

我说，如果是"袋子"，老鼠既然能进去，就应该能出来，为什么进得去、出不来了？如果是"袋子"，为什么老鼠咬不破？这是我们现在常用的布袋子吗？

老师们也开始思量。有的猜测说从这个字形中有个"木"字看可能与

"木"有关。

查《现代汉语词典》对"橐"字的解释是：〈书〉一种口袋。这种解释很粗糙，仍然无法让人知道它是一种什么样的口袋。

查《中华古汉语大辞典》对"橐"的解释：①

①〈名〉盛物的袋子。《诗·大雅·公刘》："乃裹糇粮，于橐于囊。"②冶炼时用来鼓风吹火的装置。犹今风箱。《墨子·备穴》："具炉橐，橐以牛皮"。

查《古汉语常用字字典》对"橐"的解释：

①袋子。《诗·大雅·公刘》："乃裹糇粮，于～于囊。"②古代冶炼时鼓风用的一种牛皮制的器具；风箱。《淮南子·本经训》："鼓～吹锤，以销铜铁。"《墨子·备穴》："具炉～，～以牛皮"。

老鼠钻进了袋子，为什么就不能从进去的地方钻出来呢？凭老鼠的聪明，既然能够钻进去，就能够钻出来。所以，老鼠钻进了袋子，这样的解释不通。

老鼠钻进了风箱，为什么就不能从进去的地方钻出来呢？我不知道苏轼时代的风箱是什么样子的。我知道现在农村里用的一种风箱是有风门的，一拉的时候风门打开，一推的时候风门关闭。在风箱不用的时候，老鼠完全可以推动风门从外面钻进去，但进去之后再往外推就无法推开了。所以老鼠会被困在里面，出不来了。

看来把"橐"解释为袋子，不如把它解释为"牛皮制的风箱"。这样更容易理解。

经过深入的探讨过程，老师们对"橐"字有了更深入的认识，对课文也有了更深刻的理解。

教师在备课时要深入分析字词，深入分析文本，这是上好课、教好学的基础与前提。不在课前把这项工作做深、做细、做实，就无法进行有效的、高效的教学。

---

① 王松茂主编：《中华古汉语大辞典》，长春：吉林文史出版社，2000年5月版，第1087—1088页。

每次上课都是最后一课

今天收到学生的一张贺卡：

尊敬的李老师：

您好！

转眼半年已过，您从容大气、智慧理性的课堂仍历历在目。您推荐的书目，也成了案头不可或缺的学习资源，这些"绕不过去的学术存在"常读常新。

衷心感谢您！

自己的教学能够给学生以帮助、以良好的影响，那是为人师者最有成就感的。看到这封信，我不免有了些许感慨，因为昨天我知道，以后我就不用再去上这门课了，已经有新的老师来代替我了。我没有机会与学生们交流与共享自己的所学与心得了，学生们也无法感受我的课堂，没有机会听我去给他们推荐书目了。

大家毕业后，我就开始做专业老师了，一直在上课，上过好几门课，也到很多地方去上过课。三年后，由于出来读书深造，我基本上成了兼职教师，再次就业后，就彻底成了兼职教师了。这十多年来倒是一直没有停止过上课。

我喜欢上课，教师只有在课堂上才能更好地实现自己的价值，上课才能实现教学相长，促进自己的专业发展与成长。所以，我上课往往不在乎课酬的多少，而更看重上课的机会，学习与锻炼的机会，通过上课促进自己的专业发展，这比课酬更重要。教师的生命在课堂，离开课堂，教师也就失去了存在的根基与源头。

因为做的是兼职教师，所以我很清楚：人家需要你才让你做，不需要了你就走人。鉴于此，我有一种危机感，我知道这次有机会上课，下一次就不一定了。因此，我非常珍惜每一次上课的机会。我把每一次得到的上课机会都看做是最后一次。有些课，我确实只上过一次；也有些课，上过几次后来就停止了。所以，有些课真得成了最后一次课。

当抱着每次上课都是最后一次课的想法时，我对上课的机会倍感珍惜，因此也就认真地准备每一堂课，认真地上好每一节课。我希望自己能够带给学生最精彩的、最好的课堂。我也知道，只有认真地上好课，才可能获得下一次的上课机会。

然而，上课的机会是否会有，并不取决于你课上得好还是坏。说实话，现在很少有人关心课上得好与坏。安排课的人，只是需要找个人把这门课顶起来；学生们（我的学生是成年人）也很少有准备认真学习的，必须靠教师去激发他们的学习兴趣。如前所说，上课的机会，取决于人家需要不需要，如果不需要，上得再好也是没有用的。我知道，人家可能这个学期需要，下个学期就不需要了。所以，我每次得到一个上课机会的同时，也意味着面临下一次没有机会的境况。

因此，对我而言，每一次上课的机会，都可能是最后一次。

这种危机感和对上课机会的珍惜，所造就的是：我对上课的认真准备与全身心的投入与付出。这造就了我对课堂教学品质的追求，也形成了我的教学品质。我相信，正是因为有了饱满的精神投入、情感投入、才智投入，才会有高品质的课堂教学效果的产出。

把每一次上课看作是最后一次上课，全身心地投入，这已经成为我的一种教学习惯，并且内化为一种教学品质。我相信，教师如果具有了这样一种教学心态和教学品质，那么他的教学一定是不断追求进步、追求超越、追求完美的教学，他也一定能够上出高品质的课，取得良好的教学效果。

没有人能够两次踏进同一条河。从哲学的角度来讲，没有人能够上完全相同的两堂课，每一次课都是不同的。因为教师与学生的心境不同了、时间不同了、教学的氛围不同了。每一堂课都是独特的、独一无二的。这次课上过之后，就再也没有了，做教师的把握不住，也就把握不住了。我们无法让学生的心境重新回来，我们无法让自己的心态重新回来，我们更无法让时间重新回来。所以，每一堂课，都是最后一课。

珍惜课堂，抱着最后一课的心态去准备，去实施，去展现自己，我相信我们会在课堂中更好地实现自己，也更好地影响学生。

在一次次的最后的课堂中，我们留下华美的教学篇章，留下自己当时无法逾越的教学高峰，也留下教师与学生不可重复的高峰体验。我们行进在教学的高原上，结束在教学的高潮中。这样的教学在师生心间永远都值得珍惜、值得回味。如此，教育的影响才能更深刻、更久远，而这正是教育所追求的，正是教育所想要的。

每一次上课都是最后一课！

第四辑
关注成长

过去那种认为只是我们在帮助孩子成长,而孩子没有帮助我们成长的认识是错误的。我们必须认识到这种错误,并且在与孩子的交往中改正之。我们与孩子一样,也是成长者。

没有"声音"的孩子

她是一个漂亮的、正常的女孩,活泼时,蹦蹦跳跳,而且会唱出动听的歌声,在家里的表现一切都很正常。可是,数学老师说她在班级里是一个没有声音的孩子。

听到这个消息,我感到很沉痛!

一个孩子,正是充满阳光、活泼可爱的年纪,怎么在学校里变得没有声音了呢?

为什么一个在家里活泼开朗的孩子,在班级里却是没有声音的孩子呢?

一定是出了问题!

我相信是教育出了问题。我不断地猜想,是哪里出了问题呢?

是孩子自己出了问题?是她的性格或心理出现了问题?可是,她原来是个活泼开朗的孩子啊,是什么导致她现在这个样子呢?是学习上遇到了困难,感到自卑吗?她可能害怕老师,害怕老师的提问,害怕老师对她做出什么,出于自我保护,她宁愿选择沉默。

是孩子与同学的关系出了问题?如果她与同学的关系紧张,或者不能处理好与班级同学的关系,长期处于一种被孤立的状态、被欺负的状态,那么,为了自我保护,她也会选择沉默。

是孩子的老师出了问题?一个原本活泼开朗的孩子,为什么到了你们手里就变得没有声音了?她不是一个聋子或者哑巴,她是一个耳聪目明、口齿伶俐的孩子啊!这个孩子如果长时间在班级里没有声音,老师做什么去了?可曾探讨过孩子在班级里没有声音的原因?老师为此做了些什么呢?老师有没有给予她针对性的关怀与帮助呢?

如果是孩子在学习上的困难造成的,老师可曾在学习上给予过她帮助?

在提问时，老师有没有照顾到她？ 在她回答后，老师有没有给予她更多的鼓励？ 在留作业时，教师有没有区别对待？

如果是孩子与同学关系紧张，老师可曾想办法改善学生之间的关系？ 如果是孩子害怕老师，老师可曾想过自己为什么那么可怕？ 教育不是恐怖的手段，而是激励的艺术；教师应该让学生敬爱，而不是畏惧。

如果是孩子心理上的问题或性格上的问题，教师有没有给予相应的心理辅导与心理援助呢？

老师，面对没有声音的孩子，你都做了些什么？ 你可曾给予过帮助？ 还是，就是你造成了孩子不再发出声音？

我必须要对你进行这样的质问，因为你是一名教师，一名教育工作者，你的任务就是帮助和教育孩子。 你对孩子的教育尽责了吗？

教育不仅仅是教给孩子学科知识、学科技能，更要使孩子健康地、快乐地成长。 后者比前者更重要。 如果一个教师，特别是学科教师，只是钻进自己的学科知识里，只知道向学生传授自己的学科知识，只关心自己所教学科的成绩，而不去关心孩子的心理和孩子的成长，那么他就不配做教师！

在我看来，孩子的无声，是一种自我保护。 一定是她所在的学校、班级的环境影响了、束缚了她，使她不能放开自己（更谈不上完全放开自己），所以采取了自我保护的方式，选择了沉默。 这种沉默没有力量，如果有力量，也只会是一种消极的力量；它不会爆发，如果爆发，也会是破坏性的。

当一个原本天真可爱、活泼开朗的孩子，在学校里选择了沉默的时候，这个孩子的心灵世界关闭了，教育已经失败了，不论这个孩子的学习成绩是怎样的。 此时，教育扼杀了孩子的天性，教育已经不能为孩子提供自由发展的平台与空间了。 教育本来应该是照亮人内心深处的黑暗，让人的能力和潜能发挥出来的，但是当教育阻挡了照亮人心性的光亮时，教育就成了一种邪恶的力量，它不仅遮蔽人的心性，而且把人带入歧途，甚至毁灭！

师生关系、同学关系和学校环境、班级环境等，在学生周围的一切，都是教育。 千万不要以为，只有教师在课堂上向学生传授知识、培养技能，只有教师找学生谈心训话，才是教育。当学校的人际关系出了问题、教育环境出了问题时，其实也就是教育出了问题，校长、教师都应为此担负责任。遗憾的是，我们的教育还基本上没有问责。

天真的孩子在学校里变得没有了声音，这简直是一种罪孽！不要以为这与你我无关。所有的人都有责任！为了真正担负起教育孩子的责任，我们必须共同努力。

我希望，我们的教师能够把孩子的健康成长放在首位，而不是把学科教学放在首位。

我希望，我们的学校环境充满团结向上的力量，而不是充满欺辱与不信任。

我希望，我们的孩子能够在学校里释放自己的天性，而不是关闭自己的心灵。

我希望，我们都来思考与解决：

为什么我们可爱的孩子，在学校里变得没有了声音？

你们需要一个没有受过奥数污染的孩子吗

和黄老师有机会一起外出，谈到孩子上学的事情。他说他的孩子今年要小学升初中了。孩子性格开朗、人际关系融洽、愿意上学，成绩也还不错，平常还坚持写小说，但是从来没有参加过什么补习班、兴趣班之类的，因此没有一张证书。现在的孩子小升初，都要做个人简历，这个简历与现在大学生毕业求职简历差不了多少，都是厚厚的一叠，把各种成绩、荣誉和证书都放进去。由于没有那么多的成绩、荣誉和证书可放，黄老师在给孩子的推荐信里写到：

你们需要一个没有受过奥数污染的孩子吗？如果需要，就选择我的孩子吧！

结果可想而知，多数学校不予理睬。学校要的是参加过各种补习班，而且获得各种优秀成绩和荣誉的孩子，学校需要奥数好的孩子。不知道学校是怎么想的，或许他们认为，这样的孩子更优秀，更有培养的价值。

我和黄老师一样，不是这么认为的。我们认为，孩子更应该让他们快乐地成长、健康地成长，让他们在宽松的环境中成长，让他们喜欢读书、喜欢学校，愿意走进学校。我们希望他们有宽松的童年，而不是每到星期六、星期天就去参加各种补习班，补习这补习那，疲于奔命。我相信，这样那样的补习对孩子的提高是有帮助的，要不然他们也就不会有那么好的成绩与那么多的证书了。但是，我感到那样孩子太累了，何必呢？

人生具有不可逆性，过去了就不可能再回来，不会再拥有。童年应该是美好的，而不应该是劳累的；童年应该是人生的起步阶段，而不是冲刺阶段。

我希望，我们的孩子们能够享受童年的快乐和幸福时光；我希望我们的孩子们能够在童年时，健康地成长、快乐地成长，由此打下良好的身体基础和心理基础；我希望不要在童年时期，就消磨掉他们对学习的热情和劲头；我希望他们能够有发展的潜力、能够有后劲，在人生需要冲刺的时候能够冲得上去；我希望他们能够消除掉对学习的功利性，能够发自内心地热爱学习，而不是为了获得证书作为升学的敲门砖。

希望是美好的，现实却是残酷的。在小升初的竞争中，孩子因为没有任何证书而处在了劣势，遭到了许多学校的拒绝。后悔了吗？没有！

因为教育是一个长过程，成长也是一个长过程。现在就下定论，太早了。应该放手，让孩子成长。我相信，放手成长起来的孩子，更健康、更有潜力、更有后劲。虽然，在一开始他们好像落后了，但他们会在半途中，会在最后赶上并超越的。

给予孩子宽松的成长空间，相信孩子能行，这是非常重要的。我们拭目以待！

保护儿童的世界

雨后天晴，年近4岁的女儿在院子里玩耍。一会儿，她跑到屋里对我说："爸爸，外边墙上有许多蜗牛，你跟我来看看好吧？"我知道外边墙上有一些蜗牛，心想那有什么好看的。我顺口就对女儿说："爸爸忙着呢，你自己去看吧。"女儿又一次央求："跟我去看看吧，好多好多的蜗牛呢！"我说："好了，我知道了，你自己去吧。"女儿看我不去，转头走了。她跑到妈妈跟前又拉着妈妈跟她去看蜗牛。当她们走出去后，我发现自己刚才所作所为是欠妥当的。

对成年人来说，墙上有蜗牛并不算什么新鲜稀奇的事情，但对儿童会是怎样的呢？那是他们发现的一个崭新的世界。他们为自己所发现的这个世界而感到好奇、感到兴奋。他们需要他人——父母、老师或小伙伴们等——去分享他们的发现。女儿让我去看她发现的蜗牛世界就是让我去分享她的发现。这一愿望是如此强烈，当邀请爸爸没有成功时，她又去邀请妈妈（这也是促使我认识到自己所做不对的一个重要契机）。儿童的发现在分享中变得更有价值、更有意义。我的拒绝其实无意之中是对儿童发现价值的否定，是对儿童发现兴趣的打击。长此以往，儿童就会认为，他们的发现是没有价值的，是得不到大人认可的，儿童发现的兴趣、分享的兴趣无形之中就会被抹杀。

由这件事情，我想到，儿童的世界与成人的世界是不一样的。成人已经拥有了丰富的生活经历和经验，已经熟悉了周围世界的许多事物，明白了许多道理。这些事物和道理对成人已经是司空见惯、习以为常了，但儿童却刚刚开始接触这个世界，对他们而言都是新鲜的、好奇的。在成人眼里司空见惯、习以为常的事物，在儿童眼里仍然是新奇的。他们用探索发现的眼光去感知触摸这个陌生的世界，由此，儿童拥有了自己独立的精神世界。成人并不一定熟悉、关注儿童的这个世界，因为成人与儿童有着不一样的兴趣，儿童的兴趣在成人的眼里甚至成为"幼稚"、"小儿科"。在成人不以为然的态度和生硬的拒绝中，儿童丧失了自己的兴趣、放弃了自己的思考，儿童受到了我们想象不到的伤害。为了儿童的成长，成人应该学会关注、理解和保护儿童的世界。

保护儿童的世界就要关心儿童的所思所想，就要理解儿童的行为，就要宽容儿童的过失，就要鼓励儿童大胆地去尝试、去发现；就要学会欣赏儿童的表现。

保护儿童的世界就不要以成人的理解去代替儿童的理解，就不要以成人的标准去要求儿童，不要以成人的眼光去对待儿童。维护儿童的世界，就要站在儿童的立场上来想问题、看事物，就要肯定儿童的情感、体验、认识的价值。

给儿童一个完整的、自由的世界是每位成年人的责任和义务。每位父母、每位老师、每位成年人，在遇到儿童的要求时，在碰到儿童幼稚的问题时，都要多想想儿童的世界，学会保护儿童的世界。

保护儿童的世界就是给他们一个快乐的童年，给他们一个良好的成长环境。

用肯定思维对待孩子

小学一年级的期末考试试卷，最后一题是这样的：
请将下面的句子补充完整。
冬天来了，_____。
女儿是这样填的：小朋友们在雪地里打雪仗。

老师的批阅是在试卷旁边划了一个大大的"✕"。为什么判这道题做错了呢？老师说，应该在"冬天来了"后面加上"下雪了"，否则逻辑不通。本题的正确答案是："冬天来了，下雪了，小朋友们在雪地里打雪仗。"

老师的意见是有道理的，加上"下雪了"三个字，才能够把前后两句的意思"打通"、"连贯"起来，才符合逻辑。这是追求教学的"科学性"。但教育不仅是科学，还是艺术，教师应该艺术地进行教学，艺术地面对学生的答案。其实，学生所表达的确实是冬天才有的情境，这个回答基本是正确的，只不过是少了"下雪了"三个字而已。遗憾的是，教师很不"宽容"，一个"✕"就给打死了。

教师一个"✕"就把学生的所有努力给否定掉了，这样的情况在我们的教育中实在很普遍，这反映了教师的"否定性思维"，即多看学生不好的一面、存在问题的一面，而没有更多地看到学生好的一面、有潜力的一面。这种"否定性思维"对教育的危害是很大的，它不仅抹杀了孩子的努力，而且打击了孩子的学习兴趣与自信心。否定思维与教育的建构性是相违背的，一下子否定了之的做法，其实是一种教育暴力，教育应该警惕并摒弃这种教育暴力。

教育不仅要传授给学生知识，更要积极地建构孩子健康活泼的内心世界。很多情况下，让孩子有兴趣地学习，有信心地学习，比让孩子做

"对"、做"好"更重要。

教育应该抛弃否定思维，更多地运用"肯定思维"。肯定思维即多看学生好的一面，多看学生积极的一面，多看学生存在潜力的一面。肯定思维允许孩子犯错误，把错误看作前进中必不可少的因素，同时要在孩子的错误中看出孩子的努力，看出孩子的潜力，并借机给孩子指出错误，指明方向。这就需要教师掌握一定的教育教学的艺术。在上述例子中，教师不应直接打"×"号，而应该在空缺的地方作个表示增补的"V"或者"√"形标志，提醒孩子补上点什么就可以了。如果这样就显示出教师的教育艺术了。

教育是科学，更是艺术，做到科学不容易，做到艺术更难。教育要艺术就要在科学的基础上，灵活地激发孩子的兴趣、激发孩子的灵性，让孩子在被认可、被欣赏的状态下自信地成长。

我们需要抛弃教育中的"否定思维"，用"肯定思维"对待孩子。这样我们就会更加宽容，就更能够激发孩子的学习兴趣，增强孩子学习的信心，从而更能够让孩子健康快活地成长。

训练思维还是折磨孩子

女儿上小学一年级上学期，每天晚上都要做作业，语文和数学两门课都有作业。在指导女儿做作业的过程中，我发现，很多内容她并没有掌握牢固，这本来是可以通过做作业来弥补的，但我发现作业是变着花样出的各种练习，这些练习在孩子还没有掌握牢固的情况下，不仅不能起到弥补的作用，反而干扰了孩子的学习。

由于孩子还不能完全认识题干，家长只好进行辅导。每天晚上两门课的作业都要在2小时左右。这时候，我感到所谓的"教育减负"只是一种口号。我也深刻地体验到新课程改革并没有从根本上改变什么，至少在家庭作业这一点上是这样。我没有看到新课程新在哪里。

让我们看看下面的这些小学一年级第一学期的题目。

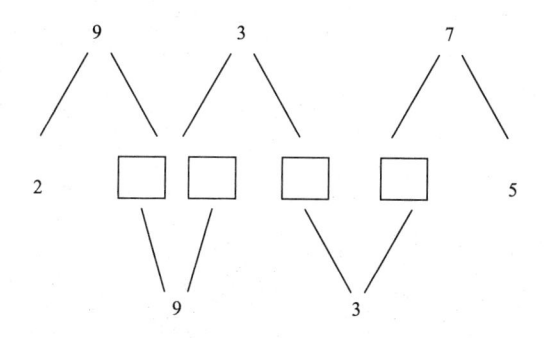

```
    9       3       7
   / \     / \     / \
  2  □ □   □ □   □   5
       \ /     \ /
        9       3
```

这是10以内的加减法的一道题，在《1课三练·单元达标测试·一年级数学（上）》一书的第26页。这道题没有任何的题干说明。大家试着做做看吧。这道题目想干什么呢？

经过思考我觉得可能是填入以下数字。

```
        9          3          7

    2     7     2     5     2     5

          9          3
```

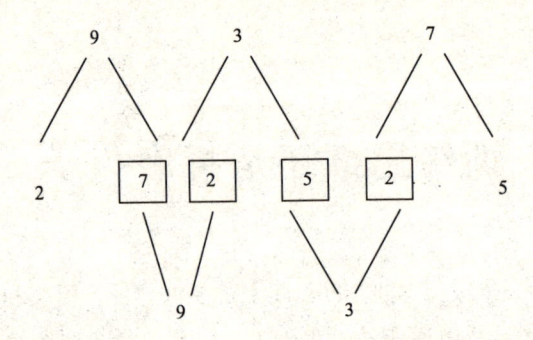

大家看看这里面有规律吗？不就是训练个加减法嘛，孩子会计算了就行了吧，干什么要搞得这么复杂？妻说，这是训练学生的思维。我说这是训练学生的思维吗？简直是在折磨孩子。一个傻子提出的问题可以难倒十个聪明人。我看这样的问题就是傻子提出的问题。

再看下面的问题：

把1、2、3、4、5、6、7、8这八个数字分别填入下面的（　）内，每个数只用一次。

（　）—（　）＝1　　（　）—（　）＝2

（　）—（　）＝3　　（　）—（　）＝4

这个题目对一年级上学期的学生来说还是有些难了。不用说一年级的小学生，就是成年人也要思量一会儿。不信，大家做做看，要用多长时间。

数学是如此，语文也不轻松。第一单元汉语拼音的"开放练习"里有"轻松一刻"的小栏目，有一则猜谜语：

shàng bian dǐng pò tiān　biàn tǔ néng zhòng tián

上　边　顶　破　天，变　土　能　种　田。

xià bian zuān jìn dì　shuǐ fèn quán chú qù

下　边　钻　进　地，水　分　全　除　去。

dǎ yí zì

打一字（　）

这个"轻松一刻"对孩子来说可不轻松。你猜到是什么了吗?

这样的题目难度大了一些。有人说这是在训练孩子的思维。训练思维要根据学生的思维发展规律,要根据学生已掌握的知识和水平。教育教学要在孩子的最近发展区内进行,如果超出了孩子的最近发展区,那就是拔苗助长了,不仅无益反而有害。学生学习的积极性都在高难度的训练思维中给消磨掉了,学习的兴趣都没有了,后面怎么进行教育教学啊。在我看来,超过学生最近发展区的教育教学不是在训练思维,而是在折磨孩子。

其实,不仅在折磨孩子,连辅导孩子的家长也给折磨了。之所以出现那么多奇奇怪怪的题目,是因为这些出题者根本不是小学教育教学专家,很可能是一些人,为了出书、为了名利而粗制滥造的结果。要改变这种现状,必须打破强行硬派,必须加强对学校教材教辅购置的监督力度,必须加强教材编写的审查力度,加强对教辅选择与使用的规范。多管齐下才可能解决问题。但这样的多管齐下难度也是相当大的。

在此,我只能呼吁有良知的教师,加强自身修养,提高教学技能,妥善对待教学,认真对待孩子了。

一个学期百张卷

女儿小学二年级上学期期末,老师让她们把一学期的训练试卷整理一下装订起来。她忙忙碌碌地东翻西找,找了个差不多,让我帮忙整理并装订。

我一看,着实吓了一跳,竟然有那么多。我翻了一下,语文和数学各有三四套之多。一套之中有的还分 A 套、B 套或黄金版。这些试卷包括日常练习卷、单元练习卷、强化卷、期中考试卷、期末考试卷等。我数了一下,语文和数学共计有 86 张,这是不完全统计,因为有些还没有找到,从试卷的序号来看也是明显有一些没有找到,粗略估计一个学期下来,语文和数学接近有 100 张试卷。

真是不敢想象!我一边帮整理,一边发感慨,现在的孩子真是不容易啊!一个学期也就四五个月左右,100 多天。100 多天里要完成近 100 份试卷,这么多试卷孩子怎么做的?当然,有些并不是以考场考试的方式完成的,许多是以家庭作业的方式完成的,即使这样也让人很难接受,且不管是否有效,这么多的试卷训练,我很难相信它是科学的。

一个学期百张卷,

反复反复来训练。

折磨孩子又低效,

能否科学来施教?

我们必须思考科学施教、科学训练的问题。教育教学绝对需要训练,但需要什么样的训练是需要认真研究的。我们所需要的是必要的、适量的、科学的训练。

一是必要的训练。必要的训练指不能缺少的训练。许多学习内容的掌握都必须要经过一定内容、一定时间和一定程度的训练才能掌握,这一定的内容、时间和程度就是必要的，不可缺少的。因此，要确定训练的时间、内容与程度等训练项目。

二是适量的训练。训练不足，学生不能熟练掌握所学内容；训练过度不仅会产生抑制，产生负效应，而且增加学生负担。训练不足与训练过度都是不可取的。过犹不及，说明"过"与"不及"都是不好的。为此，要在确定适当的量上下工夫。

三是科学的训练。科学训练就是遵循学科特点、学生水平、教学内容，循序渐进，有的放矢地进行，要对训练的题型、题量、题的广度、难度等加以科学的研究与考量。

有的教师对讲课的内容准备得很精心，而对练习的内容却很随便。殊不知，这种对待练习的随便态度对学生是很有害的。必须以高度认真负责的态度来对待练习：认真研究练习，认真布置练习，认真指导练习，认真批阅练习，认真讲评练习。如此，才能真正使练习发挥作用，真正达到事半功倍、四两拨千斤的效果，才能真正把学生从题海中解脱出来。

教育是解放人的事业，先把学生从题海中解放出来吧。

甩手上学

有天晚上回家上楼时，我帮女儿拿了一下书包。一提，吓我一跳，沉沉的，有十多斤重。我和妻子埋怨女儿不该往书包里放这么多东西，应该上什么课装什么书。

女儿说，都用的呀！

我才不相信呢！

第二天早上，我再次提议女儿，将书包里不用的书拿出来。我俩一起打开书包往外拿，结果只拿出两本课外书和杂志。语文、数学、英语的教材不能拿吧，每天都用的；与它们配套的练习辅导书不能拿吧，每天也要用的；其他各科的教材有的也有课，也要用的，不能拿吧。还有一本厚厚的字典，也随时可能用到，不能拿吧。文具盒肯定要用的，也不能拿吧。收拾下来，还真是没有多少可拿出来的东西。

女儿只好又背着沉甸甸的书包上学去了……

上班的路上，我观察了一下，许多小朋友都是背着一个大大沉沉的书包。"减负"，即减轻学生的课业负担，其中包括减轻学生的书包重量。这已喊了很多年了。其实，我今天想说的不是这个。我想起了自己中小学的读书经历。

小学、初中、高中，我都没有背着书包上过学。为什么？因为用不着书包。这并不是说，我们那时的书少，而是我们那时的书都放在学校里、放在教室里。我上小学伊始用的是五六个人合用一张长木板作课桌，我们把书放在课桌上。后来，每个人有一张课桌了，课桌有桌洞，我们把常用的书放在桌面上，不常用的放在桌洞里。我们的书，从来不带回家的，除非带回家写作业时用。

不用的书，统统放在课桌里。 同学们的书放在课桌上，也不会担心丢失，大家的书都放在那儿，大家都相互自律，不动用他人的课桌，更不动用他人的书和其他用品，这是一种纪律，也是一种品德。 如果有人胆敢乱动别人的东西，或偷别人的书，那会受到当事人或其他同学的鄙视，会受到教师的惩罚。 在这样的情况下，同学们养成了良好的自律习惯。 现在想来，把书放在学校的教室里，也是一种教育资源，是对学生品德养成的一种教育。

我发现，今天的学校里放学后，教室的课桌上几乎是光光的，学生把所有的学习用品都带回家，第二天再带回来。 我不知道为什么会这样，为什么让这么好的教育学生的资源白白流失掉，还增加学生的负担。

因为不必背着书包上学，所以，那时我们都是甩手上学。 几个小伙伴一起上学、放学，路上还经常打打闹闹，跑跑跳跳。 上学和放学路上，充满了活力，充满了欢笑和打闹。 今天上下学路上的学生不大可能跑跑跳跳、打打闹闹。 沉甸甸的书包，把他们束缚住、压制住了。

不知道今天的学生可否理解我们那时甩手上学的情形？

我希望，今天的学校、今天的教师能够让学生把沉甸甸的书包，放在学校、放在教室，而不是背来背去。 我想，这是能够做到的，只是我们的学校、我们的教师没有去做而已，因为我们那个时候，曾经做到过。

我希望，今日的教育能够重现我们当年甩手上学的情景；我希望，我们的孩子能够在上下学的路上，不再背着沉甸甸的书包，甩手去上学，迈着轻盈的脚步放学回家。

教育应该让学生走在轻盈的路上，而不是沉重的途中。

为儿童提供更多优质儿歌

当今恶搞已成为一种文化现象，这种文化现象在网络上，在成人世界里大为流行，人们恶搞影视作品、权威著作等。不仅如此，在儿童世界里恶搞也很流行，特别是儿歌恶搞，成为孩子们的一种乐趣。试看下面几首恶搞儿歌。

（一）

太阳当空照,花儿对我笑,小鸟说,早早早,你为什么背上炸药包？我去炸学校,校长不知道。一拉线我就跑,轰隆的一声,学校炸没了。

（二）

×××的头,像皮球。
一滚滚到百货大楼,
百货大楼有风扇。
一吹吹到火车站。
火车站,有火车,
一压压成扁瓜蛋,
上医院,抹牙膏,
抹了一身臭牙膏。
医生问他什么病,
他说拉屎不擦腚,
吓得医生脱光腚。

（三）

星期天的早晨雾茫茫,
拾破烂的××耍流氓,

听我一指挥,跳进垃圾堆,

破袜子破鞋,捡了一大堆。

这样的儿歌在幼儿园与校园里广为流行。儿童们对这些恶搞儿歌,唱得很起劲,而且乐此不疲,他们在一遍遍歌唱这些儿歌中得到了很大的精神满足。这些儿歌在发泄孩子的心理压力方面起到了很大的作用,甚至成为他们的诗歌启蒙。孩子们在传唱的过程中,还不断地把它们改编,表现出一定的创造性。再加上误传误唱,因此一首恶搞儿歌往往会有大同小异的不同版本。恶搞儿歌中的有些歌词具有很强的灵活性,可以根据需要随时更换内容。如上面第二首中的××和第三首中的××就可以换成不同人的名字。这样的恶搞是儿童中的一种人身攻击,当对谁不满时,就可以换上某某人的名字,对其加以攻击或调侃。

从儿歌恶搞看,人类在童年时期就有恶搞的倾向,可以说恶搞是人类本性中的一种生命冲动。这种倾向,会在后来的成长中逐渐消失,在学生受到其他的教育,明辨是非后就会把它看做一种儿童游戏。但这种恶搞倾向也可能给儿童带来一定的负面影响,形成他们的攻击性,污染他们的精神世界。

或许,正是基于对儿歌恶搞负面影响的认识,人们呼吁为儿童提供优秀的儿歌。可是,儿歌,特别是优秀儿歌极其严重的匮乏,已成为今天的一种不争的事实。谁还在为儿童写儿歌?谁能写出大量的朗朗上口,人人喜爱的儿歌?

儿歌恶搞,不仅是人类童年本性中破坏性与创造性生命冲动的体现,也是社会儿童文化匮乏的表现。

优质儿歌匮乏,致使劣质、恶俗儿歌横行。

两只老虎,两只老虎,跑得快,跑得快。一只没有耳朵,一只没有眼睛。真奇怪,真奇怪。

这竟然是幼儿园里教师教给孩子的儿歌,真是奇了怪了,这样的儿歌是什么意思嘛!我们的幼儿园里天天在教儿童唱类似的垃圾儿歌,没有思想性与教育性,只是搞点韵律就完了。

知道了儿童天天学的就是这样的儿歌，也就不难明白，他们为什么会喜欢那些恶搞的儿歌了。他们受的就是这样的教育，这样的污染。不能给儿童提供大量的优质儿歌，是儿童恶搞的原因之一。

为了孩子的精神更健康的成长，为孩子提供更丰富的、更高质的精神食粮，应该为儿童提供更多优质的儿歌。

让孩子形成期望

　　教育学中常常运用"期望理论"指导父母与教师对孩子抱有适当的期望以激励孩子，这被证明是一种有效的教育策略。 为人父母者大都抱有"望子成龙，望女成凤"的期望，为人师者大都对学生抱有"鲤鱼跳龙门"的期望。 在对孩子的教育中，我与妻子达成了这样的共识：孩子具有强大的自我发展的潜力和能力，但需要父母与教师的正确引导与培养，在父母与教师对孩子抱着期望的同时，更要让孩子形成自己的成长期望。 让孩子形成期望并不断强化这个良好的期望，把孩子引导到正确的发展道路上，教育就省事多了。

　　孩子的期望许许多多、大大小小，让孩子形成期望可以从生活中的小事做起。 对孩子而言，他们最多的期望可能是获得各种玩具、食品、奖励，等等。 孩子的有些要求可以直接满足，有的则需延迟满足以让孩子形成期望。

　　多年来，我在外求学与工作，与妻女分处两地、聚少离多，这很不利于我对孩子的教育。 怎么解决这个问题呢？ 只好让孩子形成对爸爸的一种期望并充分利用这种期望教育孩子。 妻子会在孩子遇到问题时让她向爸爸求助，我会通过电话给予耐心的解答，每天打电话成为我们沟通的主要渠道。 在与孩子的交流中，我不仅没有因长期在外被边缘化，反而成为孩子期盼的对象。 孩子盼着与我相聚，也盼着我能够给她带来礼物，孩子总会期盼着礼物。 孩子对礼物的需要是直接的，我则尽量实现这种需要向另一种需要的转化与升华。 我会问孩子想要什么礼物，她总会一件一件地提出很多，我则与她讨价还价，告诉她一次只能满足几件，其他的则要等下一次，目前这几件也要她在我回家前的这段时间里在妈妈那儿表现好才能获得。 当然，即使孩子表现不好，我也会给她买礼物，不能让孩子对爸爸归来的期望落空。 我会告诉她礼物已经得到，今后要好好表现。给予孩子心理上的安慰与鼓励是很重要的，这会使孩子感到被关怀与被重视，从而增强自我认同。

孩子观看芭比娃娃电视后，对芭比娃娃玩具产生了兴趣，多次提出要买，妻子让她与我商量。我与孩子"讨价还价"，这个过程也是让孩子感到快乐的。我提出的要求是，如果能够在期末考试中考个好成绩就可以获得一套自己想要的芭比娃娃。我并没有要求孩子一定要考第几名才给她买，而是让她自己先定个目标，然后再根据她定的目标稍加调整。让孩子形成的期望应是通过努力可以达到的。当孩子学习懈怠时，我们就会拿出先前的约定与学习目标提醒她。当想到心爱的芭比娃娃，想到要达到的学习目标，孩子就又来了劲头。学期末，孩子达到了我们约定的目标，我履行诺言，带孩子到商场买了芭比娃娃。芭比娃娃有许多品种，孩子提出还想要其他品种，我对她说不能一次买那么多，如果想要那就继续努力，下一次再买。一个新的期望在形成。

为了培养孩子读书的兴趣，妻子在孩子很小的时候就给她订了《早期教育》、《嘟嘟熊》等刊物，后来又订了《少年儿童故事报》。每次刊物来了，孩子都会缠着我们给她讲故事。故事或许对所有的孩子都是一种吸引。慢慢地，我们所订的刊物成为孩子的一种期望，过一段时间，孩子就会问：妈妈，我的刊物来了没有？一开始我们与孩子一同阅读，帮她讲解，后来，孩子自己认字了就让她自己读。她愿意读童话书，我们就给她买童话书。有时她一次想买好几本，我们就坚持读完一本再买下一本的原则。这就大大激发了她的课外阅读兴趣，同时形成了对其他读物的阅读期待，慢慢地孩子课外阅读的兴趣与习惯养成了。

延迟满足是为了让孩子形成对礼物的期望进而把这种期望转化为一种日常行为的表现，让孩子明白物品的获得是建立在自己努力基础上的，同时可以使孩子形成对诱惑的自制。心理学的研究表明，能够控制诱惑，延迟需要满足的孩子会有更大的出息。让孩子形成期望一定是阶段性的，这个阶段不宜太长。如果孩子在周期内完成了约定或任务，就一定要兑现承诺；即使孩子没有完成，也要给予适当的奖励与鼓励。一般而言，孩子的小期望一定要让他通过努力而实现，要让孩子体验期望实现的快乐与喜悦，我们也要由衷地分享他们的快乐与喜悦。

如果说上面提到的礼物、玩具、书籍等还是注重外在期望的形成，那么让孩子形成内在的成长期望则更重要。让孩子形成成长期望就要尊重孩子自己的想法，孩子的想法就是培养的苗头。家长要善于发现孩子想法中的闪光点，并加以不断强化，让它们成为孩子的成长期望。

有一次，孩子从电视上看到牛津大学的一名黑人男学生穿了一条裙子进行表演。男人也可以穿裙子，孩子感到很稀罕。她一下子就记住了牛津大学，并说长大后要考牛津大学。这只是孩子一时的冲动与想法。我们抓住这个机会不断重提孩子的这种想法。一开始孩子对学习英语兴趣不大，我们就问她想不想到牛津大学学习，她说想。我们对她说，如果英语不好就不能出国，不能到牛津大学学习，因为无法和外国人沟通，要想去牛津大学，就要学好英语。一想到要去牛津大学学习，孩子就来劲了，慢慢开始主动学习英语了。当孩子学习遇到其他困难时，我们也会提醒她，要去牛津大学学习必须不怕困难才行。一想到这个目标，孩子就又有了前进的力量。

孩子的成长离不开培养，父母要及时给予引导。什么年龄阶段做什么阶段的事情，孩子发展的目标一定要提前定，最好让孩子自己提前定目标，父母要给予孩子以支持和鼓励，让孩子在体会中成长，让孩子的目标更坚定。

中国古人非常重视对孩子进行"志育"（这是一个值得专门研究的问题），提出早立志，立大志，长立志，立长志等问题。少年儿童要早立志，早努力。我们对孩子所进行的期望教育还没有上升到志育的高度，因为孩子毕竟还太小，还不清楚自己长大后真正要做什么，她现在的想法往往是朦胧的、不确定、不成熟甚至是盲目的。当问孩子长大后做什么时，她回答想当科学家，先当科学家，再去牛津大学学习。这说明孩子对今后做什么，并没有真正清晰的认知。但是做父母的要利用孩子的这种上进心，鼓励她、引导她。我们对她说，当科学家首先需要学好科学文化知识，要先学好外语到牛津大学读书后才能逐渐成为科学家。其实，今后孩子去不去牛津大学学习，成不成为科学家并不是我们做父母的所能左右的，我们所能够做的就是尽量为孩子的成长提供条件与环境，其他则要看孩子自己的造化。

  抓住孩子有意无意间的良好想法进行不断的培养，把好的想法持续起来，慢慢地说不定就会形成一种兴趣，通过持续的培养，不断的发展，进而会形成一种志向选择，最终可能变为现实。这就是培养，这就是教育。叶圣陶先生说过，教是为了达到不需要教。家长要让孩子在形成期望、实现期望的过程中慢慢走上自我发展的道路，这样对孩子的教育就能够省心省力了。

  期望是孩子心中的灯，为了实现期望，孩子愿意付出。家长要以此为契机，促进孩子的成长，让孩子在期望实现的过程中学会克制与调节、体会成功与喜悦，学会为了实现目标不懈努力。期望就是目标，期望就是力量，让孩子形成期望，我们也就有了期望。我们与孩子共同期望着！

别乱扔孩子的东西

端午节，我一个人回原单位去，没有想到事不得已要搬家。在收拾东西时，我的一个基本原则就是能扔的就扔了，因为很多东西带不走。在收拾孩子的东西时，也遵循了这个原则，我认为没有价值的东西就扔了。晚上打电话时，孩子问我："我的《神兵小将》的小人还有吧？"

《神兵小将》是黄玉郎的一套漫画书，有 26 本，每一本附带一个塑料小人物。孩子非常喜欢这套书。她第一次缠着我要买时，我不太同意。我觉得画太多，文字太少，对增加孩子的知识面等没有多少帮助，只是娱乐性的书。孩子很有"韧劲"，不给买就一个劲地缠人，最后只好给她买一本。这套书也有盗版的，书小一点，印刷质量差一点，里面没有小人物。正版书则有小人物。她姨妈曾经在她生日时给她买过好多本盗版的，她不喜欢，一定要买正版的。后来，我们把买这套书作为对她的一种奖励，当某件事情她做得好了就买一本，就这样一本一本地买，最后把 26 册全部买齐了，也收集了全套的书中配带的塑料小人物。

我对孩子说："昨天给扔了。"孩子一听一下子就哇哇大哭起来。她说，你处理人家的东西也不和人家说一声。她这一哭，我感到这些东西在孩子心目中的分量了。我没有想到孩子还记得这些小人物，还那么看重这些小人物，当时确实没有想到这些东西对她意味着什么。

孩子问我还能找回来吗？东西是昨天扔的，今天已被处理垃圾的人收拾了，无法找寻回来了。我安慰孩子说，以后再买一套。孩子说，没有卖的，除非再买 26 本书。当然不大可能再去买 26 本同样的书了，即使再买到或者一下子买齐 26 个小人物，其价值与意义也不能与孩子一点点积累起来的相比了。想到孩子费了那么大的劲才收集起来的东西，被我随手给扔了，想到被我扔掉的东西并不是用钱就可以随便买回来的，想到我无意中伤害了孩子的情感，我感到很后悔。

那些在我看来不起眼，没有什么用处的小人物，是孩子费了好大的劲才一点一点收集起来的。我在收拾东西随手把它扔到垃圾筒里时，哪里想到它们是孩子辛辛苦苦积攒起来的，哪里想到它们对孩子有着重要的意义。说实话，当时感到能不要的就不要了，没有那么多时间去一一征求意见，有些事情就自己做主了。连她的奖状，我也不小心扔了，幸好被邻居发现了，让我拿了回来。我和孩子说时，她哭着说："你什么都扔，连人家的奖品也扔。"我感到自己又犯了错误，幸好奖状又被拿回来了。我确实应该认真反思一下对待孩子的态度了。

我与一个同事说起了这件事。同事批评了我，他说他连儿子的一个纸飞机都不会随便处理的，那里面包含了孩子的创造性。我还想起，以前看到的一则故事。故事说，一个妻子很轻易地把丈夫小时候的一把破烂的小手枪给处理了，结果丈夫异常恼怒。妻子不理解为何一把破手枪值得丈夫大动肝火。她没有想到那把破烂的小手枪里可能包含了丈夫儿时太多的情感。物品是客观的，但如果浸染了浓厚的情感，物品的价值就不再是物品本身的价值了，而且具有了特殊的情感价值。物品的价值是可以估算的，但情感的价值却是无法估算，甚至无法被替代。

在处理孩子东西这件事情上，我犯了一个错误，即没有充分地理解孩子的精神世界，没有充分地理解玩具对于儿童成长的价值与意义，没有充分地尊重孩子的意见。那些在成人眼里没有多少价值和意义的东西，在孩子的世界里可能占有重要的地位。要保护孩子的精神世界，保护孩子的情感世界，就要保护好孩子们的玩具，就要充分尊重孩子的意见，在处理他们的东西时一定要征询他们的意见。

我认识到自己错了，我请求孩子的原谅！孩子原谅了我，但我仍然留下了遗憾。今后我一定会注意尊重孩子的意见的。由此也告诫天下的父母与老师：

别乱扔孩子的东西！那里承载着他们的精神世界与感情世界。

"一字文"与"无图画"

大学毕业之后,我曾在美丽的江北水城——聊城的胭脂湖畔的一所中专兼职教了半年语文课。时间虽然很短,在我却是很宝贵的教学经历。那段经历中的许多事情让我难以忘怀。有个小女孩写一字文的事情,就是其中的一件。

在写作课上我曾向学生讲到一些世界上短小精悍的小说。比如科幻小说"地球上最后一个人独自坐在房间里,这时突然响起了敲门声……"又如一篇英国的小说:"天哪!女王怀孕了,这是谁干的?"学生们听了很感兴趣。

几天之后,一个女生对我说:"老师,世界上还有比你说得更短小的小说。"

"什么小说?"我问。

她说:"只有一个字的小说。"

我好奇地问:"只有一个字的小说?"

"对。"她回答得很干脆。

她拿出笔和本,飞快地写下了几个字,然后递给我。

我一看上面写着这样三个字:

离婚

悔

她接着解释道:"题目叫《离婚》,内容只有一个字:'悔'。"

我端详着这篇只有一个字的小说。

离婚是个事件,悔是心情。整个事件的背景都被隐去了,剩下的只有让读者自己去想象、去思考。这就给予文本以多元解释的空间。

故事的背景是：一对夫妻离婚。

为什么离婚？任你去想象，千种万种的可能都有。

故事的主人公是谁？是谁后悔了？是男的后悔了，还是女的后悔了，抑或男女双方都后悔了？

关键是这个"悔"字是什么意思？后悔当初的结婚是个错误，还是离婚后又后悔了——不该离婚？这样看来这篇小说含有很深刻的警世意义：不要随便结婚或随便离婚，不然会招致后悔。

这个"悔"字使整篇小说弥漫着一种低沉的情绪、一种伤心的痛感，既营造氛围又很有力量。

想着想着我心里不禁喊道：妙！实在是妙！

妙在只着一字，尽得风流。

我问："这篇小说是谁写的？"

她微笑着，有点自豪地说："我写的。"

她问道："老师，如果你给这篇小说打分，会打多少分？"

我说："100分。这是一篇非常优秀的作品。"

我很惊喜，为学生能写出这样的作品。当然，我也感到奇怪，为什么这么小的年纪会选择这样的题材来写，并能写出深意？

当我问她这一问题时，她笑着告诉我："你自己去想象。"

既然她不想告诉我，我也不再去追问。我想象不出她的创作动机，但我为这个学生的才华、为她的创造精神感到高兴。我表扬了她并鼓励她继续努力。在此前她只是一个普通的学生，自从我高度表扬了她的"一字文"，她的学习积极性明显比以前提高了。

这个故事没有波澜起伏，再平常不过，但学生的作品深深打动了我。多年过去了那篇只有一个字的小说却深深地留在了我的头脑中，不时地让我回味和咀嚼它的意义。其实真正打动我的是学生的创造精神。小小年纪就创造出如此杰出的作品，实在让我震动。她让我反思教师如何看待学生，如何看待教育。

由"一字文"的事情，我不禁想起"无图画"的故事。这是听来的一则笑话。 故事说：

老师让学生画画。一个学生交上来白纸一张。上面只写了三个字：羊吃草。

老师问学生："你怎么什么都没画？"

学生回答："我画了。"

师问："你画什么了？"

生答："羊吃草。"

师问："羊呢？"

生答："吃饱了，走了。"

师问："草呢？"

生答："被羊吃光了。"

故事到此结束了，不知大家有没有笑。 我一时不知这个笑话要笑谁，笑老师还是笑学生；也不知老师会如何处理这个学生、这幅画。 从它被当做笑话来讲，我想可能还是在笑那个学生吧，笑他的偷懒、笑他的滑头，也可能是想让大家想象教师面对学生的这番奇谈，目瞪口呆的神态吧。 其实，在我看来，这是一个非常妙的智慧故事，一个学生的智慧故事。 在我看来，这个学生不是一个偷懒者、也不是一个耍滑头者，而是一个非常聪明、非常有创造性的学生。 他的这种做法是值得教师表扬的，因为他创造了无图之画。

"一字文"和"无图画"一实一虚两个教育小故事，让我深刻地感受到学生的智慧，学生的创造精神。 教师要始终对学生抱有强烈的信心，相信学生的能力、相信学生的潜力；相信他们不仅是学习者，而且是创造者；相信他们不仅跟随教师学习，而且能超越教师（韩愈早就说过"弟子不必不如师，师不必贤于弟子"）；相信学生能够不断地自我超越。

教师应该具备识别学生创造性的能力，应该鼓励学生去创造，为学生提供创造的空间、创造的氛围。 当面对学生的奇思怪想时，教师首先要做的是试图理解学生，并积极发现学生奇思怪想中的创造性，保护并激发学生的创造精神。 即使不能发现，教师也应抱宽容的态度，给学生以奇思妙想的空间。 宽容是金。 不然，少年爱迪生的遭遇就会重演。

教育的重要任务之一就是发现、保护、激励学生的兴趣、爱好、特长等。我相信：当我们给学生以宽容的学习环境与氛围时，当我们给学生的奇思妙想以宽容和正确的引导时，当我们给学生点点滴滴的进步以表扬时，学生的创造性就会不断地生发出来，教育也将会散发出无穷的力量。

这就是"一字文"和"无图画"的故事给我的启示。不知大家怎么看待学生，看待教育。

与孩子一起成长

在与孩子的交往中，我一次次地强烈感受到，我们以成熟者自居是错误的。我们并非天生就是父母，而是当有了孩子之后才为人父、为人母。然而，这只是自然意义上拥有了一种为人父母的身份，在真正的实质意义上，我们做得怎么样呢？我们是合格的父母吗？我们是孩子满意的父母吗？对父母的唯一评断者是孩子，因为父母是相对于孩子而存在的对应关系概念。

千百年来，人们想当然地认为，父母就是父母，父母天生就懂得教育孩子。其实，从自身的经验来看，我们并不天生就会为人父母，在与孩子的交往中，我们也会犯错误，甚至会犯很严重的错误，而且这种错误往往是出现在孩子犯错误的时候，在孩子出现问题的时候。

孩子犯了错误父母会给予强烈的批评，那么父母犯了错误呢？孩子会怎样对待我们呢？其实，孩子显性的回应，有时可能并不重要，重要的是父母的错误有可能以一种潜在的方式深入到孩子的心理世界，给予孩子以隐性的、长期的影响，这是最为可怕的事情。

如何对待孩子的错误，如何对待自己对孩子所犯的错误，成为对父母的一个严峻考验。

很多时候，很多情况下，做父母的并没有很好地履行自己为人父母的职责，也没有做得更好。看看那些留守儿童，看看那些寄宿制学校的儿童，看看那些因父母离异的单身家庭的孩子们就知道了。即使那些家庭健全，父母与孩子一起生活的家庭里，父母对孩子的教育与影响也会存在这样那样的问题，只不过这些问题被日常的生活所遮掩了，被日常的习惯所掩盖了。

很多人在成为孩子的父母前，并没有系统学习过怎么做父母，更不知道怎么为人父母。众多的孩子就是在父母处在这样的状态中来临了。孩子的来临，让为人父、为人母者获得的喜悦是可想而知的，他们对于自己孩子的爱也是无可挑剔、无与伦比的，而对于孩子仅有爱是不够的。

为人父母应该是一项需要学习的事情。遗憾的是，我们的基础教育与大学教育中都没有专门的教人如何为人父、为人母这方面的教育。因此，为人父母者，就只有在培养孩子的过程中，不断地自我摸索。在这种探索的过程中，我们不可避免地犯错误。如何尽可能地减少对孩子教育的错误呢？

我们需要以平等的姿态去对待孩子，而不能以成人的身份去压制孩子；我们应该以谦虚的态度去对待孩子，向孩子学习。是孩子教会我们怎么做父母，而不是我们天然就会做父母。在这方面，应该感谢我们的孩子。孩子比我们要柔弱，比我们要懂得平等，懂得宽容。我们是孩子的教导者，教导他们如何为人处事，如何更好地成长；孩子也是我们的老师，教会我们如何去关爱他们，如何去教育他们。我们要与孩子一起成长，让孩子成长为好孩子，让我们成长为好父母。

过去那种认为只是我们在帮助孩子成长，而孩子没有帮助我们成长的认识是错误的。我们必须认识到这种错误，并且在与孩子的交往中改正之。我们与孩子一样，也是成长者。

让我们真心地感谢孩子，是他们让我们成为父母，是他们教导我们成为合格的父母。

让我们以成长者的心态，与孩子交往，与孩子携手一起成长吧。

第五辑

反思学习

学习是一种修行。修行在自身，运用乎人生。人生安身立命，莫不需要学习，莫不需要修行。人生在修行中发展自己、强大自己、完善自己、超越自我，最终完成自己。

学习是一种修行

学习是一种修行。这种修行可以改变人的心智模式，改变人的人生态度，改变人的个人素养，改变人的气质，改变人的性情，正是由于这些方面的改变，进而改变人的人生境遇。

学习既然是一种修行，就有不同的境界。古人所谓的格物、致知、诚意、正心、修身、齐家、治国、平天下，正是学习不同境界的表现。孔子说："吾十有五而志于学，三十而立，四十而不惑，五十而知天命，六十而耳顺，七十而从心所欲，不逾距。"（《论语·为政》）这也是学习修行所致的不同境界。初学者与高级学者之间对事物和世界的认识是大为不同的，这些是因为修行境界的不同所致。修行到一定的境界就会有许多相通的东西，甚至可以说，一切修行在最高境界上都是相通的。看一下那些大学者，他们身上都有些相通的东西，比如，对人生通透的认识。他们对人生的态度可能不同，但对人生的认识上往往相通，这种相通正是因为学习所致。

学习这种修行并不仅仅通过书本学习，更是通过生活，通过人对万事万物的体悟而学习。没有悟就没有学习，就无所谓修行。修行是一种体悟，一种对事物、对人生、对世界的体悟。体悟而后得道，得道而后有境界。

修行是对世界的认识，更是对自身的规范与约束。没有对世界的认识，没有对自身的规范与约束也就无所谓修行。道行的深浅与认识的深浅和自我约束的程度相关，境界的高低亦与此相关。

学习是一种修行。修行在自身，运用乎人生。人生安身立命莫不需要学习，莫不需要修行。人生在修行中发展自己、强大自己、完善自己、超越自我，最终完成自己。

因材施教与因师而学

朱熹说孔子施教，各因其材。后来，因材施教成为一条教育原则，成为教育的一种理想追求。因材施教是针对教师提出来的，它要求教师要能够"因材"去"施教"，这其实是对教师提出了一种专业要求，即教师要具备因材施教的能力。这种能力包括三个方面：第一，"知材"，即教师要能够全面深入地掌握学生的情况，这是因材施教的前提；第二，"因材"，只"知材"不"因材"，也是不能正确施教的。"因材"就是要把握"此材"成长的规律，顺着这个规律去教育；第三，"施教"，即在"知材"、"因材"的基础上，对学生进行教育。这个"施教"也不是一般的加以教育，而应该是"善教"，即在教育内容、教育方式方法上，教师都能够具备一定的教育技术。这几个方面的因素合起来才能叫做"因材施教"。从教师专业发展的角度来看，因材施教要求教师具备"知材"的能力，"因材"的能力，"善教"的能力。

教育是教育者和学习者双方的事情，不能只提出对教师的教育要求与教育规定，还应该提出对学习者的教育要求与教育规定。与"因材施教"相对，对学习者而言应该"因师而学"。

因师而学，就要求学习者适应教师，了解和熟悉教师的教育风格、教育个性，适应教师的教育方式、教育方法。学生要适应教师就应在一定程度上调整自己、改变自己。学生通过对自己学习方式的调整与改变来适应教师，尽可能地从教师那里学习和吸收知识、信息与能量。

当然，因师而学的重要前提是教师是值得学习的。孔子说："三人行必有我师焉，择其善者而从之，其不善者而改之。"（《论语·述而》）如果学生能够从每个教师那里都得到教益与启示，那么他就可以从那里成长。

强调对学习者的要求对于教育而言是非常必要的。在教育的理论与实践中，人们过多地、过高地提出了对教师的要求，而忽视了对学生在教育中应该具备的基本要求，这里所说的基本要求，不是指学业的那些要求，而是指在学习态度上应该具备的要求。

我们在强调"因材施教"的同时，也必须强调"因师而学"。有人说许多的"差生"是教育培养出来的，是因为教育不能做到因材施教。其实，如果换一个角度也可以说是学生没有做到"因师而学"。或许，有人会说，学生还没有达到"因师而学"的能力和水平。学生可以没有这个能力和水平，但应该具备这样的学习态度。或许，有人会说"因师而学"会进一步加强教育的复制性，强化了"顺应教育"，而不是"个性教育"。"因师而学"并不是要进行"顺应教育"而是要学生先"清空自己"，接受教师的教育，同时保持反思与批判。教育必须培养学生的反思与批判能力，但反思与批判必须是在自己先接受的基础上进行。

因材施教与因师而学除了具有学生无可选择与教师无可选择的规定性之外，也包括教师可以择材而教，学生可以择师而学的规定性。这两种规定性对于这两条原则都是适用的。

当然，教育并不仅仅是教师"因材而教"、学生"因师而学"这样简单的单向适应性，强调"因材施材"与"因师而学"，其实都是在强调教育的适应性，师生之间的相互适应性，这种相互适应性是教育成功的重要保证。

教育是一个动态的过程，不仅强调师生之间的相互适应，也还可以通过师生对话的方式来进行。在师生的对话互动过程中，师生都应努力寻找"教学相契"的地方，在和谐共振中共同成长。

"逼着学"与"求着学"

逼着学生学习的事情在以往或现在的教育中还是不少的，教师对学生进行灌输，强迫学生做作业，完不成任务就实施惩罚。在"逼着学"的教育中，学生是被动的、痛苦的。

现在要解放学生，要尊重学生，要"一切为了学生，为了学生一切，为了一切学生"，学生变成了中心。结果，有些学生不学或不好好学时，教师要为他们的一切而努力。教师被要求"求着学生学"。"求学"一词在今天的教育背景下终于又有了新的一层的含义。本来"求学"是指"追求学问"，追求真理，求学问道；现在"求学"是指"求着学生学"。

学习本来是件"主动"的事情，是学习者自求自得的事情。现在学习变成了被逼着进行或被求着进行的事情。无论是"逼着学"还是"求着学"都是教育的病态，而且是极度的病态。这两种病态不改变，教育是不成其为教育的。

在"逼着学"中是教师压迫学生，在"求着学"中是学生压迫教师。教育成为一种不是你压迫我，就是我压迫你的事业时，教育的本质就丢掉了。

"一切为了学生，为了学生一切，为了一切学生"，这是多么美妙的教育口号啊。这只是一种教育口号，绝不是一种教育理念。我们知道口号的东西往往是虚而不实的，也是难以真正落实的。很少见有谁真的把教育口号当做教育理念来落实的。即使真的要把教育口号当做教育理念来落实也是非常危险的。教育口号本身只是宣传的需要，而不是真正教育的需要。教育口号本身具有非常大的漏洞。就说这三个"为了一切"的口号，它是没有条件的。没有条件的东西往往是靠不住的、不成立的，这个教育口号同样如此。教师帮助学生作弊，也是为了学生，这可以吗？"为了学生一切"，学生的一切需要你去管吗？人家要不要你管？就是要你管，你该不该管，能不能管？教育不可能是无边界的，三个"一切"的教育就是一种没有边界的教育。这种教育口号看上去很美妙，事实上只会抹杀教育的边界、混淆教育的功能，把教育变得更加糟糕。有人说"一切为了学生"，当学生不学时就要"求着学生学"，这简直是一种罪过。"求着学"实质上还是一种"逼着学"。

不论是"逼着学"还是"求着学"，教育都会变成一种强暴的事业！

当教育在不知不觉中变成一种强暴的事业时，它也在不知不觉中培养和造就一批具有强暴特质的人。社会的动荡和不和谐，深层次地看，在一定程度上是教育培养和造就的。

学习是学习者个人的事情，教育者可以引导学习者学习，但绝不要"逼着学"或"求着学"。

杨梅、荔枝、麦黄杏和鱼头

记得上小学时，学过一篇课文《我爱故乡的杨梅》，作者对杨梅的描写让人神往。当看到文章中写杨梅酸酸的滋味时，我的嘴里也有了酸酸的味道。不过，我想到的是家中杏树上麦黄杏的味道。因为我，甚至我的同学们，都没有见过杨梅，没有吃过杨梅。对课文中的描述我能够对应起来的可能就是麦黄杏了。麦黄杏在麦子黄时成熟，故名。虽然，从未吃过杨梅，但这篇课文让我记住了杨梅，并长久地保持了杨梅的味道，其实应该是麦黄杏的味道。

通过课文学习而让我产生美好感觉的水果还有荔枝，杨朔的《荔枝蜜》让我对荔枝充满了想象。为了荔枝，杨贵妃"一骑红尘妃子笑，无人知是荔枝来"；苏东坡"日啖荔枝三百颗，不辞长作岭南人"。这荔枝的美味实在让人遐想、让人垂涎。可是我无法把荔枝的味道和自己生活中的任何一种水果或味道对应起来，也就只有遐想了。后来终于吃到了荔枝，感觉并没有想象的那么好吃。

后来或许可能吃到过杨梅制品，如杨梅干、杨梅脯之类的，但还是没有吃过杨梅。

20年后，在学过那篇课文的20年后，我第一次吃到了新鲜的杨梅。那是一个同学到朋友家玩带回来的。他朋友家种有杨梅，他们从树上摘下来后拿来的。第一次吃杨梅让我感到有些兴奋，因为终于吃到了杨梅。第一口入口，我就喜欢上了它，感到它是那么的好吃，那味道与课文中描写的一样，比麦黄杏更酸、更甜、更有味道。虽然也吃过草莓，也喜欢吃草莓，但比之杨梅还是有些差别，杨梅的味道更丰富充沛，给人以口感上的冲击力。我竟然把它当作了荔枝，因为受了苏东坡"日啖荔枝三百颗，不辞长作岭南人"的影响。等我回过味来,我觉得苏东坡的诗写"错"了,应该改成:"日啖杨梅三十颗,不辞长作江南人"。杨梅太好吃了,不能多吃,用不着夸张,一日三十颗足矣!

以前读过一篇文章《妈妈爱吃鱼头》,说的是母亲吃鱼时把最好的留给孩子,自己吃鱼头,还谎称自己喜欢吃鱼头,孩子就信以为真,后来孩子才知道母亲这样做是对自己的爱。我当时读了这篇文章也为那位母亲的爱所感动,而且也喜欢这篇文章,记得普通话测试的材料里就有这篇文章。我从来没有怀疑过这个故事。

后来到上海求学,在一次课上,倪文锦老师讲到在不同的地域背景下学生对文本的理解是不同的,他举了《妈妈爱吃鱼头》的例子。这个故事是发生在北方背景中的,对南方一些地区的孩子来说是不可思议的。因为在他们看来,鱼头是鱼身上最好吃的部位,妈妈把最好吃的吃了怎么还能表现妈妈对孩子那伟大的爱呢?

当时听到这一点,我感到很受震动,原来不同地域的理解还有这么大的差别。可是我对鱼头好吃的说法仍然不敢苟同,因为我们那里是不吃鱼头的。后来,我在食堂里打了几次鱼头吃,还真的很好吃,我也喜欢吃鱼头了!

知识是具有地方性的。地方性知识(local knowledge)的存在,使得我们的教育形成了隔阂。如果不接受另一种地方性知识或不亲身体验,这种隔阂是难以消除的,人们也是难以真正理解的,就如我从前不知杨梅和荔枝的味道,或许也有人不知麦黄杏的味道,就如南方的有些孩子认为鱼头好吃而从来没有怀疑过鱼头不好吃。

教育与地方性知识之间与人生经历之间形成了一层又一层的潜在的或显在的隔阂,这种隔阂的存在使许多事物的意义充满诱惑也充满了遮蔽。说充满诱惑是因为它为人们提供了遐想的空间,说它充满遮蔽是因为它不能使人直接理解或真正理解。

由于地方性知识所带来的理解的隔阂可能是不可避免的,如何才能更好地避免呢?

心中的阳春面

有几天在食堂里打饭时,听到有个小女生对师傅说:"要一碗阳春面。"

阳春面?

我不禁好奇地扭头去看,因为我还不知道什么是阳春面。但由于初中时的一篇《一碗阳春面》(日本作者栗良平的一篇作品)的课文,阳春面早已深深地留在了心里。

打好饭后,我没有立即离开,而是等着看看阳春面到底是什么样子。看的结果让我吃惊,所谓的阳春面就是清水面加一点盐和葱花。

我终于明白了,什么是阳春面,就是最简单、最普通、也是最便宜的那种面。说来真是惭愧,从学习那篇课文知道阳春面,到如今终于知道什么是阳春面,前后竟然历经了近 20 年的时间。

那篇课文确实给我留下了很深的印象。我特别为那母子在艰苦条件下奋斗不止而又亲情浓烈的精神所感动。从课文和老师的讲解中知道阳春面是很便宜的面,但对它具体是什么样子,我是没有印象的。文中的母子为在年夜吃一顿阳春面而感到高兴,对他们来说,阳春面也是很难得的,并不便宜。这种印象也影响了我,在我的印象中,阳春面也是很难得的。或许因为文中母子精神的感染,加上阳春面美丽的名字,在我的心目中阳春面是一种很美、很香的面。我一直为母子在年夜里吃阳春面的温情感染着,一直认为那是一个充满亲情和温馨的故事。

当我终于知道了什么是阳春面,一股辛酸和苦涩却涌上了心头,我的内心久久不能平静,这也是我动笔要写下这些文字的原因。直到现在我才更深刻地理解了文中母子生活的艰辛,也更深刻地理解了那碗阳春面对她们意味着什么。

当然，这种辛酸和苦涩有一半是留给自己的。因为种种的原因，自己的浅陋和寡闻，直至今天才知道什么是阳春面，这难道不是一种悲哀吗？我为这种悲哀感到心酸。

前几天，我看到一个和我同龄的农村出来的博士兄弟的博客，他说他在上海第一次去吃 pizza 了。这件事情同样给我一种悲凉感。我们（我说的我们是指我自己和与我有着类似经历的人们）的生活限制了我们的眼界和体验，我们不能更深地进入这个世界、体会这个世界。我们和这个世界隔膜着，一股无形的力量横亘在我们与世界之间，有些生活世界并不属于我们。然而，有时人们却把那个世界里的一些东西向我们展示，诱惑着我们，可我们又难以进入。这就是教育世界在向我们展示的景象。

在我的印象里，老师上课时好像并没有把多少精力放在阳春面上，而是更多地放在了分析母子的精神上了。母子的精神我知道了，但是那种更深刻的东西我却不知道，或许那个时候我还不能理解。这时我才知道老师讲清什么是阳春面是多么重要。恰恰是这样一个看上去不是知识点的细节深深地妨碍了我的理解。即使我的老师真的没有向我们讲清什么是阳春面，我也不会怪他，因为我想我的老师可能也不知道什么是阳春面。

我心目中的阳春面已经从"阳春白雪"变成了"下里巴人"，但我更深刻地理解了文本，也更深刻地认识了自己和世界。心中阳春面的打破，为我打开了认识世界、认识自己、认识教育的一扇门。感谢阳春面。

梧桐是什么样子

与一个来自新疆的学友谈起教学中的地区差异，他深有同感地说道：以前在学习"梧桐更兼细雨，到黄昏，点点滴滴"时，怎么也难以想象是什么样子。为什么？因为不知道梧桐是什么样子。

我问他会想象成什么样子。他说：想象成白杨和松树的样子，因为我们那地区就这样的树多。

他讲到这里也引起了我的同感。他难以想象"雨落梧桐"的景象，而我则难以想象"雨打芭蕉"的情景，因为我没有见过芭蕉，更不知道芭蕉叶子是什么样子。后来，我见到了芭蕉，见到了宽大的、长长的芭蕉叶子，我可以想象雨水打在上面的情景了。

除了"雨打梧桐"、"雨打芭蕉"，在古代诗文里还有一种现象是"雨打荷叶"，所谓"留得枯荷听雨声"是也。对于"雨打荷叶"，我倒能够理解，因为我见过荷叶，甚至看到过晶莹的水珠在荷叶上滚动而落的"大珠小珠落玉盘"的景象。

其实，我们的理解与我们的所见所闻、与我们的生活经历密切相关。如果没有相关的生活经历，又没有可以视听的影像支撑，有时确实难以理解一些东西。当这些陌生的东西作为教学内容出现的时候，我们就会出现理解和认知上的障碍。不同地区的风土人情、景物特产，在当地人看来是再平常不过的了，但对于另一些地区的人来说，则显得陌生新奇，甚至不可思议。

像上面的例子，在我的学习经历中还有许多，比如杨梅、荔枝、茭白、竹笋、阳春面等，都先是在书上看到而不知其形状，更不知其滋味的。不知道它们的滋味，也就品不出所学习文章的滋味。这一点，真是很有意思啊。后来，当见到它们，品尝过之后，才对原来所学习的文章有了一番新的认识。

在物流发达的今天,在物质生活大为丰富的今天,学生们可以吃到很多东西了。 可是,我想,仍然有些学生接触不到其他地区的一些东西,由此导致无法理解一些学习内容。 因此,教师应该关注存在地区差异的教学内容,采取适当的补救措施以帮助学生更好地理解。

教科书中的照片在一定程度上可以起到补救作用。 比如,我在小学时学过一篇有关鸬鹚的文章,记得上面配有鸬鹚的照片。 前几天,也就是在我学习了那篇文章20多年以后,我在西塘的河边第一次见到了真正的鸬鹚。 我一眼就认出来了,那是鸬鹚。 第一次见到鸬鹚,我很惊喜,为自己一眼就准确无误地认出它们感到兴奋。 我凭什么能够一眼就认出它们? 因为20多年前小学语文教材里的插图一直印在我的头脑里,是教材中的插图帮助了我,它帮助我消除了由于地域关系所造成的对于鸬鹚认知的隔阂。

说起教材中的插图,我又想起另一件事。 史铁生有一篇著名的文章叫《合欢树》。 看到"合欢树"三个字,我感到很美丽,但不知道合欢树是什么样子,在头脑中也无法想象出。 后来,在一本语文教材的插图里见到了合欢树的照片,当时的第一感觉是:"这就是合欢树啊!"有恍然大悟与原来如此的双重感觉在里面。 我家里以前就有一棵很大的这种树,不过在我们那里不叫"合欢树"这样美丽的名字,而叫"榕树"。 我们那里的"榕树"又不同于南方的"榕树",不同于《鸟的天堂》里的榕树(南方的榕树,我也是在20多年以后才见到的)。 我们那里叫做"榕树"的就是史铁生那里叫做"合欢树"的树。

这其实也是由于不同地区所叫名称不同造成的差异,以及由此带来的理解障碍。

从我个人的学习经历来看,存在地区差异的教学内容还是比较多的。 因此,建议教师们在上课时,注意教学内容的地区差异,想办法帮助学生尽可能地消除由此带来的理解障碍。

如何在教学中消除这种障碍,其实是值得思考的。 传统的一个基本的办法就是提供存有地区差异事物的照片或图片。 现在信息技术发达,有条件的教师还可以为学生提供活动的影像，比如电影、电视或专题片、纪实片中的影像片断。当然，如果能够为学生提供实物，比如为学生提供荔枝、杨梅等，效果会更好。这样可以为学生提供更为直观的感受，可以更好地帮助学生理解。

在消除地区差异给学生带来的影响方面，我们还是可以有所作为的，是可以做得更好的。

不学好外语能行吗

《大连晚报》2008年4月12日报道《两名女子因小摩擦用中英法日4种语言飞机上对骂》。报道说：11日11时30分左右，一架从北京飞往大连的飞机刚刚降落，正当乘客们打算收拾行李走下飞机时，一连串激昂快速的吵骂声从人流中传了出来。发生争吵的是两位女性。一名35岁左右的中年妇女急于下飞机，挤到了母女俩中的母亲，可这个中年妇女并没有道歉，而是继续向前挤，这引起了那个女儿的不满，双方因此发生了口角。中年妇女说了句"素质太低"之类的话，这一下子惹恼了年轻女孩。她挑衅式地问中年妇女：你素质高？懂日语吗？随即就开始用日语大声指责中年妇女。女孩说的日语大多是侮辱性的骂人话，而中年妇女也不甘示弱，也回敬了一串日语。随后女孩又改用法语大骂，中年妇女照样用法语"接招"。除了日语、法语两门外语之外，其间，双方还用英文"互敬"。整个争吵时间持续了近20分钟。在航班、机场工作人员的劝阻下，双方才最终偃旗息鼓。

看罢这则报道首先的感受是：不学好外语能行吗？

外语不好就要挨骂。如果外语不好连人家骂的什么都听不懂，岂不是只有挨骂的份儿。一般情况下人们学习外语是不会先从学骂人开始的，能够用外语骂人应该说外语学得相当不错了。可见，外语学的一般是不行的，还要学深，至少要学到能够骂人的水平，这样才能够辨识别人的辱骂，而且能够张口就能反击。

多一种外语就多一种优势。年轻女子想凭借自己懂几种外语来辱骂他人，而中年妇女同样用多种外语进行了有力回击。不论是进攻方还是反击方，都让我们看到了多一种外语就多一种优势。只学会一种外语是不行的，还要学会多种外语，每种外语都要学到能够骂人的程度才行。

"二女四语对骂"还让我深刻地理解了"语言是工具"这一观点。 语言不仅是交流的工具，也是骂人的工具，维护尊严的工具。 如果中年妇女不懂那几种外语，不仅要挨骂，而且因被挑衅不能够回应而有失尊严。 站在中年妇女的立场，她用年轻女子所用的外语回击她，有力地打击了年轻女子自以为自己素质高的傲气、轻浮与浅薄。 年轻女子改用法语，可能是因为用日语"骂"不过中年妇女，也可能是想进一步展示自己的外语优势，转换一种攻击方式。 中年妇女的法语"接招"，更使两个人针锋相对、"骂逢对手"。 中年妇女懂多种外语有力地遏制了年轻女子的张扬，有力地维护了自己的尊严。 看来掌握多种外语太重要了。

　　外语水平不代表个人素质。 有乘客表示："会 3 种外语的人也算是高素质了，就为一点小事在公众场所大动肝火，实在不该。"其实，这则事件恰恰说明了语言的多寡与素质的高低并不成正相关。 素质是综合的，语言只是素质的要素，因此，凭借外语水平和多语言来判断人的文化水平与素质是靠不住的。

　　奥运火炬在国外传递中遭到干扰后，中国人民在网上提出了种种抗议。《东方早报》2008 年 4 月 16 日 A3 版载有郑洁的《反击西方媒体"源自他们对祖国深深的爱"》。 其中有一段引用了新加坡《海峡时报》的文章。 文章指出，"李显龙说，中国爆发的愤怒，尤其是年轻人的愤怒，可以通过潮水般的网上帖子一目了然。 可惜的是，帖子是用晦涩难懂的汉字写的，如果用的是英语，那么美国和欧洲的年轻人将认知到这种蔑视中国和中国事务的行为将在奥运之后产生永久影响。"

　　这则报道进一步让我认识到"语言是工具"。 外语也是表达爱国情感的工具，是"国际战斗"的工具。 语言就是战斗的枪，不掌握好语言工具，就不能或者不能有力地表达自我、回击敌对者。 面对外国的敌对者特别要掌握好外语这杆战斗的枪。 学好外语不仅为了国际友好交流，也为了进行国际斗争，不仅为了个人发展，也为了维护祖国尊严。

　　外语水平代表国民素质。 虽然在二女对骂中我们得出外语水平不代表个人素质的看法，但在网络抗议外国敌对者的行为中站在国家主义的立场却可以得出外语水平代表国民素质的看法。 这样说并不是说我们的网民就没有人或不能用外语回击敌对者，而是说我们还有那么多的人没有意识到用外语还击敌对者，当然其中有许多人还没有达到用外语回击敌对者的水平。因此，要提高国民素质，提高国家的竞争力，必须大力提高国民的外语水平，使国民能够而且善于运用外语这一工具表达爱国情感，维护祖国尊严。

结论：语言是工具，是生存、发展、防卫、攻击的工具。外语是语言工具中的一种。为了个人更好地生存，不被人用外语辱骂，不丧失尊严，必须掌握好外语，而且必须多掌握几门外语。为了集体的利益，为了祖国的尊严，为了促进国际交流，也为了有力回击敌人，必须掌握好外语，而且必须多掌握几门外语。

原生态阅读

在今天的语文教育中，学生阅读的课文是受到编辑加工了的，且不说语言文字上的加工，编辑的注释、导读、练习等也是一种加工。阅读这样的文本本身已不是原生态的了。学生的阅读除了受编辑因素的影响之外，还要受到语文教师教学的影响。语文教师总有一种"给予意识"与"给予冲动"，总感到要教给学生点什么才安心。这种给予的冲动甚至达到不可控制的地步。教育就是要教给学生点什么，如果不这样还要教育干什么呢？正是在这样的冲动行动下，学生对课文的阅读很大程度上被控制了，至少也受到了外部的影响、教师的左右，学生对课文的阅读不再是原生态阅读。

什么是原生态阅读？原生态阅读就是不受外部影响和干预的，在读者自己的理解能力范围内进行的阅读。这种阅读中，读者依靠自己的经验、知识、能力等获得对文本的理解。

原生态阅读可能存在阅读的浅表化，存在阅读的歧路，会出现误读误解等阅读现象。但原生态阅读允许阅读错误的出现，允许阅读的歧路，这种阅读是符合读者认知的阅读，是一种自然状态下的阅读。真正意义上的阅读应该是一种自然状态下的阅读，是一种原生态阅读。

阅读教学的存在是为了提升学生的阅读能力和阅读水平，是以改造原生态阅读为基础进行的，阅读教学在很大程度上是为了提高学生。这样，阅读教学的意图就加入了原生态阅读中。阅读教学试图改变学生知识背景的状况，如果学生缺乏知识背景，那么为了理解的深化，就要提供给学生知识背景。这种知识背景的提供是为了帮助学生的。如果学生缺乏相应的阅读技术和技巧，阅读教学也要提供给学生。这种做法和行为在阅读教学中一直存在着。这种做法具有善良的意图，但却具有强制性，如果所提供的内容不被学生自愿地接受，就变成了一种强迫，就变成了以他者意志代替学生（读者）的意志。

正是认知到传统阅读教学存在的问题，人们提倡"对话"、"多元解读"，试图在"对话"和"多元解读"中寻求阅读的协调。这种协调应该是一种阅读状态的协调。

其实，阅读教学与原生态阅读并不存在截然对立的矛盾。阅读教学应该在学生原生态阅读的基础上进行，应该首先让学生进行原生态阅读，让学生与文本进行充分接触，而不应该代替学生的原生态阅读，也不应该打破学生的原生态阅读。阅读教学应该是在原生态阅读基础上的师生协商对话。

传统的一些阅读教学以自己的意志取代学生的理解与感受，把阅读教学的意图简单地、甚至粗暴地强加给学生，这是不足取的。教育教学不能什么都给学生，而要给学生留有一定的空间和余地。

教育教学除了明确地告诉学生一些东西之外，还要培养和锻炼学生的悟性。提倡原生态阅读就要培养学生阅读的悟性、思考的悟性、学习的悟性。

原生态阅读也可以成为阅读教学的一种方式。对一些课文，教师完全可以不做任何的讲解与分析，只要让学生反复阅读、自己体验就可以了。如果学生在阅读的过程中发现了问题、提出了疑问，那么教师再进行点拨引导也不为迟。原生态阅读注重学生的阅读体验、阅读理解，哪怕是误读，在原生态阅读里有时也是美丽的。

总之，阅读教学应关注原生态阅读，让学生在原生态阅读中体验阅读、学会阅读。

"黄蓉式"解读要不得

面对一个文本，不同的人会做出不同的解读。文本解读理论有作者中心论、读者中心论和文本中心论等主要观点。不论哪种文本解读理论，都应该遵循一定的解读规则，对文本作出合理的解读。与合理解读相对的是误读与曲解。虽然，误读与曲解可能存在一定程度上的创新，但毕竟不能真正反映作者原意或作品本身所揭示的事实。因此，在文本解读中应避免误读与曲解的出现。

《射雕英雄传》中的黄蓉以聪明机灵而给读者留下了深刻印象，她对《论语》中孔子学生中"冠者几人，少年几人"的解读颇有意思，但却是一种对文本的曲解。

《射雕英雄传》第三十回《一灯大师》中记载：

黄蓉蹙眉不答，她一见那书生所坐的地势，就知此事甚为棘手，在这宽不逾尺的石梁之上，动上手即判生死，纵然郭靖获胜，但此行是前来求人，如何能出手伤人？见那书生全不理睬，不由得暗暗发愁，再听他所读的原来是一部最平常不过的"论语"，只听他读道："暮春者，春服既成，冠者五六人，童子六七人，浴乎沂，风乎舞雩，咏而归。"读得兴高采烈，一诵三叹，确似在春风中载歌载舞，喜乐无已。黄蓉心道："要他开口，只有出言相激。"当下冷笑一声，说道："《论语》纵然读了千遍，不明夫子微言大义，也是枉然。"那书生愕然止读，抬起头来，说道："甚么微言大义，倒要请教。"黄蓉打量那书生，见他四十来岁年纪，头戴逍遥巾，手挥折叠扇，颔下一丛漆黑的长须，确是个饱学宿儒模样，于是冷笑道："阁下可知孔门弟子，共有几人？"那书生笑道："这有何难？孔门弟子三千，达者七十二人。"黄蓉问道："七十二人中有老有少，你可知其中冠者几人，少年几人？"那书生愕然道："《论语》中未曾说起，经传中亦无记载。"黄蓉道：

"我说你不明经书上的微言大义，难道说错了？刚才我明明听你读道：冠者五六人，童子六七人。五六得三十，成年的是三十人，六七四十二，少年是四十二人。两者相加，不多不少是七十二人。瞧你这般学而不思，嘿，殆哉，殆哉！"那书生听她这般牵强附会的胡解经书，不禁哑然失笑，可是心中也暗服她的聪明机智，笑道："小姑娘果然满腹诗书，佩服佩服。你们要见家师，为着何事？"

黄蓉的这段解释，也可用来解释文本阅读中的曲解现象。

对于一个文本总会有多种解读，多元解读是可以的，但前提必须是合乎情理。不根据文本所提供的具体情况进行的偏离作者愿意的解读则是曲解，曲解是不可以的。黄蓉的解读很巧妙。在古代汉语中确有把连在一起的二数相乘的情况。比如，说女子正是"二八年华"，这个"二八"不是指二十八岁，而是二乘以八等于一十六岁，所以，"二八年华"是指16岁。当然，"二八年华"也是虚数，指人很年轻、正是风华正茂的好时候。黄蓉解读的巧妙在于她把五六人解释为五乘以六得三十，把六七人解释为六乘以七得四十二，而30加42正好等于72。这72正符合孔子门下72贤人之数。但不论怎么巧妙，因为解释是偏颇的，是牵强附会的，所以是不能令人信服的。《射雕英雄传》中书生佩服的是黄蓉的聪明，而不是她的解读本身，就说明这一点。

解读都会涉及解读者的立场，这种立场有一致立场与权变立场。一致立场是指解读者确实就是这么认为的。权变立场是指解读者并不一定这么认为，但为了适应当时的解读环境而故意做出一种解读。黄蓉知道自己解读是不对的，但当时为了激书生开口才故意这么解读的，可以看到，在为我所用的立场上，黄蓉对《论语》中的内容进行了曲解。所以，黄蓉的解读是一种权变解读。

在语文教学中，有些学生是站在自己的立场上发自内心地认为应该是怎样的，这种情况下对课文做出的解释是一致立场的解释。但也有学生为了迎合老师或趋奉大多数人的意见，而对课文做出一种并非内心真实想法的解释，这种解释就是一种权变解释。

在研究中常常会出现一些牵强附会的研究者与研究成果。比如近代学者揭秘《红楼梦》，在笔者看来就是一种看似巧合、实则很难成立的牵强附会的曲解。语文教学中对课文的解读，也常常会出现牵强附会的曲解。比如，有一个学生把毛泽东的词句："看万山红遍，层林尽染"中的"红"解释为象征红色革命，理由是毛泽东是中国革命的领导者，他在此处用的是象征手法，象征中国革命形势一片大好。这样的解读，并不一定符合作者本意。

在文本解读中，聪明与技巧是需要的，但忠实于原文原意，进行合理解读才是重要的。黄蓉式解读要不得。

把教学习方法放在教学的首位

"授人以鱼不如授人以渔"的说法由来已久,在教育界用来比喻要教给学生方法而非仅仅教给学生知识的说法也由来已久。 然而,现状是什么呢?

注重学科知识的教学仍然是主流,教给学生学习方法仍然没有引起足够重视。 即使有些人注意了学习方法,也仍然是关注自己学科的学习方法,仍然是如何解题的"小方法",而不是教给学生如何学习的"大方法"。 不论是小方法还是大方法都应该成为教学的首要内容。 学生掌握了良好的学习方法,就可自主学习,就可以不断自我发展,就可终身受益。

教学不应该把教授学科知识放在首位,虽然学科知识我们也需要,也要学习。 我们要在教会学生学习方法后,让学生运用这些方法自主学习学科知识。 如果在这个过程中,学生遇到困难,教师可以再为他们提供帮助。

学生掌握了良好的学习方法,就可以举一反三、闻一知十、触类旁通。教育达到这样的效果,就可以了。 现状是教师受到传统教育的影响,仍然把学科知识放在教学的首位,仍然缺乏教学习方法的意识和观念,或者说这种意识还不强。 真正教会了学生学习方法,就会事半而功倍。

叶圣陶说:"教是为了达到不需要教。"教什么呢? 教方法、培养习惯;不需要教什么呢? 学生掌握了方法后可以自己主动获取的知识。 知识无限,而方法有涯。 掌握了有限的方法,就可以从无限的知识里获取自己需要的知识。

从"教知识"到"教方法",这是教学范式的转型,不是那么容易就能够转的。 这需要强烈的认识、明确的认识,更需要花大力气研究学习方法,研究学生需要什么样的学习方法,学生走向社会后需要什么样的学习方法,这需要从课程内容到教材内容到教学内容的全面革新,也需要有识之士和有志之士的推动。

虽然目前还不能完全做到教学习方法，但那些有志于此的教师和研究人员，可以尝试着先做起来。我们不仅认识到"教方法比教知识更重要"，更要在实际中做到。要做到这一点，首先要树立这样的意识和观念：把教学习方法放在教学的首位！

谈谈数学教学

虽然，对课程与教学论有所研究，但我对数学教学没有研究。在辅导女儿做数学应用题的过程中，我对数学教学有了一些自己的认识，愿意写下来请教于方家，如果于数学教师有所启发，那就更好了。

在辅导女儿做数学应用题时，我发现她不会做的原因是没有理解题意。要想让她做出题目，先要让她理解题目所表达的意思，由此，我认识到"数学理解"是做数学应用题的前提和关键。

我往往采用画示意图（线段图、圆圈图）或打比方的方式帮助她理解。画线段图等示意图，其实是在运用数学工具帮助理解。教会学生运用数学工具有助于他们理解。在数学理解过程中，我会把题目里所说的内容和所要求的内容，一一分解进行分析。由此，我认识到数学分析是数学理解的关键，只有对题意进行正确的数学分析，才能准确地把握其意思。而要想有好的数学分析，需要学生有好的数学思维。由此，我认为，对学生进行数学思维的培养与训练是十分重要的，这已经进入到数学教学的深层了。

我帮助她分析好了，她理解了题意后，就能够自己列出算式了。结果，我发现，她把答案算错了。为什么？运算出了错误。由此，我认识到，数学理解只是做好数学的前提，要想把题做对，还必须要有良好的数学运算，如何提高学生的数学运算能力是数学教学的重要内容。

指出错误后，让她改正，我去做其他事情了。等我回来，我发现她还没有做出来。由此，我认识到数学运算只追求正确是不够的，考试或其他运用时，是不允许长时间运算的，还必须追求速度。由此，我认识到数学运算要讲究准确和速度。数学教师在培养学生的数学运算能力方面要在运算的准确性和运算的速度上下工夫，即如何才能提高学生运算的准确性和运算的速度。

关于运算的速度,我知道数学上有速算,教师有教给学生速算的方法。但对于一般的不能速算的题,怎么才能更快地提高学生的运算速度与准确性呢?

昨天孩子又问了一个问题:一个直角三角形的三条边分别是6、8、10厘米,问斜边上的高是多少厘米?

这个题她不会做,为什么呢?

她知道三角形的面积是底乘以高后除以2,她能算出这个三角形的面积是$6×8÷2$;但是接下来就不会做了。 问题的关键在哪儿? 问题的关键在她不知道,斜边(10厘米)×斜边上的高÷2与刚才求出来的三角形的面积相等。 对这一点,她有些模糊。 如果她能够认识到这一点,那么这个题也就解决了。 而出题者之所以出这道题,其考查点也就在这里。

由此,我认识到,数学理解还要找准解题的关键点。 如果学生能够找到了解题的关键点,理解了解题的关键点,那么数学理解问题也就可以迎刃而解了。 由此,我认为,教师对学生进行数学理解教学时,要抓住解决的关键点对学生进行指导点拨。

以上就是我对数学学习,特别是应用题解题的粗浅理解,归纳起来就是:

数学教学要抓数学理解和数学运算两个方面。

数学理解要注意运用数学工具,对题目进行数学分析,要使学生很好地进行数学分析,要注意培养他们的数学思维。 数学理解时,要抓住解题的关键处,抓住了关键点,也就打开了题目的迷扣。

数学运算的标准或要求是准确和速度,而做得又准确又快是数学运算的要求。

教师的工作是:研究数学工具和数学分析,为学生提供数学工具、教会学生运用数学思维进行数学分析;在提高学生运算的准确性和速度方面做些研究并指导学生。

学生：

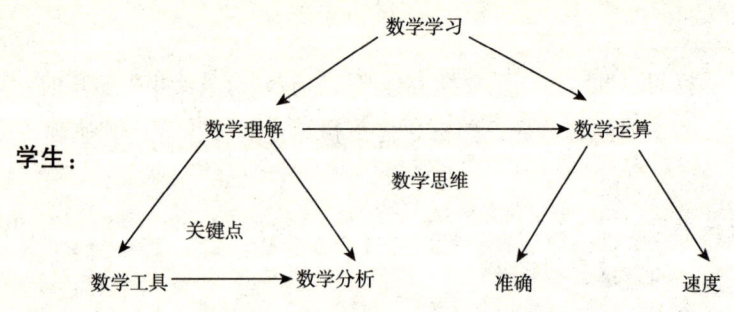

```
                    数学学习
                   ↙        ↘
            数学理解  ——→  数学运算
              ↙  ↘   数学思维   ↙  ↘
              关键点
        数学工具 ——→ 数学分析    准确      速度
```

教师：（提供什么工具）（怎么进行分析）（怎么提高）（怎么提高）

第六辑

教师之业

教师只是一个引渡者,他并不具备塑造人类灵魂的能力,并不能成为人类灵魂的工程师。说教师是人类灵魂的工程师,这是对教师职业的抬举,甚至是一种欺骗。

有尊严地教

某大学请我去给夜大的学生上课。第一次上课，学生人来了不少，但是课堂纪律很差，从一开始学生就在说话，拍掌让学生静下来后，我开始讲课。刚一开口，下面的学生又开始说了，我只好再次维护课堂纪律。

我没有采取独白的讲课方式，而是采取了提问对话的方式。虽然如此，上课过程中，学生仍不时在说话，我几次停下来，专门维持课堂纪律。我说，如果你们是老师，在上面讲课，下面在说话或做别的事情，你们会怎么想，你们会怎么做？我们要相互尊重，相互理解，相互支持。我真的不希望，为课堂纪律而多说。

中间准备休息时，学生们提出不要休息，赶紧上完、赶紧结束，他们等着回家。因此，中间没有休息。这时几个学生（班里只来了两个男生，其余全是女生）跑到第一排一个同学那儿开始交费了。我停下来，很严厉地说了他们。我说，没有规矩不成方圆，遵守课堂纪律是基本的要求，课堂纪律是必须要维护的。在下面说话或干别的事情，是对老师的不尊重，是对其他同学的干扰。你不想学，别的同学还想学呢。你们现在要学的不是什么知识技能，而是首先要学会尊重别人，先要学会遵守课堂纪律，学会怎么做个好学生，也就是说先要学会做人。

还不到8：15分，下面有个学生说："老师，到时间了，该下课了。"我说，不是说好8：20分下课吗？那学生说："到时间了，你要遵守你的承诺。"我说，还没有到时间，现在才8：15，如果你有事情，可以先走。有个学生对此有些不满意，嘟囔了一句什么话。旁边的一个学生说，让她"赶紧走吧，别说了"。我没有再理那个学生，她收拾一下走了。

这样的状态，我上着也觉得很没劲。

回来，和 W 说起上课的事情。 她说，你不用管那么多，他们说他们的，你讲你的。 我说，绝不允许这样的情况出现，必须维护课堂教学的纪律，这是教师的责任。 W 说，如果你要维护也不要硬维护，而要想办法。如果你生气了，对学生发脾气，说明你的水平和姿态不够。 你可以停下来，让他们先说。 这样愿意学习的同学就会都看着他们。 看他们还好意思说吗，如果他们还不听，你请他们到讲台上来说，让大家伙儿都听听。 这样，学生们就会埋怨说话的同学，而不会导致你与学生之间的矛盾。 这样即使是不上课，学生们也不会怨你的。

其实，这样的办法，我又何尝不知道呢？ 我在给学生上课过程中，又何尝不曾用过呢？ 但是，面对那么多人的大课堂，那么乱糟糟的场面，这样的办法是不行的。 教学所面临的情境总是复杂的、具体的，由此所做出的教学决定也总是临时的、总是情境化的。 在那样的场面下，我只能选择严格的、坚决的态度来不断重申课堂教学纪律。 如果不这样，情况可能会更加糟糕。教师临境做出决策，总是与当时的情境相关，临境决策在当时看来应该是最好的，否则就不会做出这样的决策了。

说实话，每个班级的情况都不同，给每个班级上课所面对的对象都不一样。 这个班级，我感到就是一个很乱的班级。 给夜大生上课是比较难上的，他们中的一些人根本就没有学习之心，很多人来上学只是为了混个文凭，更有甚者，把上课看作是一次与同学聚会交流的机会。 这是我所不能允许的。

我坚信，课堂教学就需要一定的纪律要求与纪律约束，没有规矩不成方圆。 不能允许学生，随便说些与学习无关的话。 课堂教学不是学生来聊天啦呱的地方。 吴非老师说得好：不跪着教书。 教师决不能为了应付学生或讨好学生，而降低要求。 教师必须以高姿态（当然不是高傲的姿态），出现在课堂上，不能向不良现象低头。 或许，我维持课堂教学的方式还不让人满意，但我维护课堂教学纪律的态度是坚决的。

在学生心目中有他们理想中的教师的要求，同样在教师的心目中也应有他们理想的学生的要求。 我心目中理想的学生的一个最基本的要求是：要有学习的意愿。只要有学习的意愿，一切都可以慢慢来。当然，未成年的中小幼学生与成年学生是不一样的。中小幼学生还少不懂事，可能需要教师"哄"着学、"诱导"着学。但对成年学生，不应该这样。成年人有完全的认识能力与自制能力，我不会哄着他们来学习的。他们愿意学就学，不愿意学就不要强迫他们。如果他们没有学习的意愿，却强迫他们学习，让他们被动学习，我认为这是不道德的事情。

上的这次课，很没有成就感。到这儿来上课，虽然可以得到讲课费，但我的教学绝不仅仅是为了钱。在有成就感的上课中，没有钱都没有关系。通过上课，让更多的人受益，这是为社会做贡献，可以不拿钱。但在不能取得成就感的教学中，或者说在不满意学生状态的情况下，宁可不上这样的课，也不挣这样的钱。我绝不是为钱而教的人。教师要有不为混口饭吃而折腰的精神。只有不为了混口饭吃而教，教师才有舍弃不理想的教育状态、舍弃不理想的课堂的勇气，才有独立的品格。我要维护的不仅仅是课堂教学纪律，更是要维护一份师者的尊严，维护一份教育的理想。

写到这里，我想到了两类教师。一类是近代的许多因为对学校或时局的不满而愤然辞职的教师。他们教书是为了养家糊口，但面对不满的学校状况与时局，他们选择了辞职。之所以有这样的勇气，就在于他们超越了为糊口而教书，在于他们极力维护着做人的尊严，维护着师者的尊严。他们是我的榜样，是我的力量。另一类是今天的一些教师。有些教师为了维护自己的这份工作，为了养家糊口，而迁就了许多人，迁就了许多事。我知道，这是为了生存，为家庭，可以理解。但由此，教师却没有了那份独立，没有了维护师者尊严的力量，由此在心理上、在人格上可能无形之中就低了一截。这是许多人的可悲！

迪伦·托马斯说：没有尊严的工作是死的工作。

教师必须要有尊严的教。若无尊严，宁可不教！

为师当学罗尔斯

这是哈佛教授罗尔斯的一件轶事。罗尔斯是名满士林的哲学大师,集"红烛"、"园丁"、"人梯"精神于一身,更是一位"擦去的是功利,写下的是奉献"的师长。他为本科生讲课时,只要一挂牌,几百人的梯形大教室立马济济一堂。每次都需要提前去"霸位"。因为童年经历的刺激,罗尔斯有点口吃,有一位同学听他将"文明"一词说得断断续续,差点笑了出来,但马上遭到了前座同学的白眼,似乎他犯了大不敬之罪。最后一次课毕,罗尔斯谦逊地说:课堂所谈全属个人偏见,希望大家独立思考。全体学生起立,长时间雷鸣般鼓掌。大师见状,像小孩子一般害羞地夹起讲义,快步离开教室。同学们依然毕恭毕敬,掌声不衰。冬天拍手是项苦差,小同学的手拍得又红又痛。他悄悄地问一旁的小同学:"到底还要鼓掌多久?"同学俨然曰:"一直拍到罗尔斯先生听不见为止。"[①]

徐志摩"最是那一低头的温柔"曾经打动过多少的人啊。罗杰斯那孩子般的羞涩,同样会打动千千万万人。这真是个让人感动的故事。我为罗尔斯精彩的教学,也为那些可爱的学生们叫好。学生们对老师的尊重和那经久不息的雷鸣般的掌声,表明了罗尔斯杰出的教学效果。罗尔斯那"课堂所谈全属个人偏见,希望大家独立思考"的话语表明一个大师的谦逊与伟大。学生们把掌声一直拍到罗尔斯听不见为止的举动,更是表明学生们的收获之大与发自内心深处对他的尊重。一个老师做到这个份上就可以了。

当我们面对罗尔斯这样的教师时会想些什么呢?我想到的是,为师当学罗尔斯。

[①] 朱国良:《羞色最美》,载《文汇报》,2006年4月7日第11版;又载《读者》2006年第8期,第7页。

我们不追求那掌声，罗尔斯也没有追求那掌声，因为面对掌声他羞涩。我们追求他那把课上好的精神、态度、水平、能力。我们追求他把课上得精彩到让学生极大认可的程度。我们相信，一个优秀的教师是会得到学生认可的。只有教师真正达到很高的水平，才能真正把课上好，才能真正把学生的学习热情点燃，把学生的学习兴趣激发。虽然，罗尔斯有点口吃，口语表达并不十分理想，但他的课是有丰富而生动的内容的，这些内容是有感染力的，是可以深深打动学生的。罗尔斯的课是上得人心激动、群情激越的。这种效果不是因为罗尔斯给学生逗笑杂耍，而是因为他的博学高深，因为他引起了学生强烈的思想共鸣、精神共鸣、心灵共鸣。悦情、悦性、悦智中，智力上的愉悦是最高层次的愉悦。罗尔斯的课达到了这个效果。他把可以打开学生心智的东西呈现在学生面前，为他们打开了一扇通往新的认知世界的门，为他们打通了一种新的精神境界。

教师的教学不是为了收买学生、专门讨学生的喜欢。有些教师上课专门挑选逗学生乐的内容讲，课堂上热热闹闹、哈哈笑笑，但笑过以后呢？除了一些低俗的笑料就没有什么了。当时学生喜欢，过后学生可能就要骂了。那不是教育，那是一种欺骗。教师要调动学生的兴趣与积极性，但不是媚俗地取悦学生。教师必须给学生真正有价值的东西，只有真正有价值的东西才能真正打动人，给人开启。教师的教学要得到学生真正的认可，必须以深厚的功底为基础，同时还要以高尚的人格为保障和引导。正是因为罗尔斯是学术上的大家，又是人格上的导师，所以才能够深深打动学生。

如果说作为教师我们需要榜样，那么就应该是像罗尔斯这样人格高尚、学问高超的人。

为师当学罗尔斯！

教师即课程

"教师即课程"是20世纪70年代由美国学者提出的,其核心理念是指教师在课程实施过程中,时刻用自己独有的眼光去理解和体验课程,时刻将自己独特的人生履历和人生体验渗透在课程实施过程之中,并创造出鲜活的经验成为课程一部分。 也就是说教师不仅是课程的创造者和开发者,而且教师本身就是课程的内在要素之一。

前些天听朱晨东老师上周敦颐的《爱莲说》。 在对《爱莲说》的文本进行分析过后,朱老师展示了自己根据课文创作的一首诗。

莲　君

出水清芙蓉,

芬芳传千里。

花枝临风玉,

莲蓬润雨琦。

菩萨怜凡胎,

嫦娥化村妮。

仙魂梦敦颐,

田蛙笑声喜。

朱老师不是把这首诗写在黑板上,也不是打在PPT上投影,而是事先用毛笔写在了白纸上,上课时发给了每个学生一份复印件,并在黑板上挂了一份,这就不仅向学生展示了这首诗,而且向学生展示了教师的书法。

朱老师领着学生读自己写的这首诗,并解释每一句的意思。 比如,"出水清芙蓉"化用李白《经乱离后天恩流夜郎忆旧游书怀赠江夏韦太守良宰》中的"清水出芙蓉,天然去雕饰";"花枝临风玉",化用杜甫《饮中八仙歌》中的"皎如玉树临风前,苏晋长斋绣佛前",用此句表示莲的坚贞、侠骨柔情,风度翩翩;"莲蓬润雨琦"中的"琦"指美玉珍奇;"村妮"是指未结婚的少女,她们纯洁、朴实、安静,与莲花有相似之处,莲的别称又称"静客";"仙魂梦敦颐",是"庄周梦蝶"的化用,把自己幻化为荷花,纯洁高雅,等等。

解释的过程中,朱老师还让学生把这首诗的内容与《爱莲说》的内容比照着看。这就成了教师的《莲君》与周敦颐的《爱莲说》两个文本之间的互文性教学,学生在互文性学习中加深对两个文本的理解与认识。

新课程标准中提出"课程资源的开发与利用",教师是重要的课程资源。课程教学中,我们应该思考如何发挥教师这一重要课程资源的作用。在这节课中,我们可以看到教师作为课程资源发挥了很大的作用。当教师为已有的课程教学内容服务时,教师是课程资源,如果教师本身成为学习的对象,成为课程的组成部分时,那么教师就不仅仅是课程资源,教师即课程本身。

在这节课中,我们可以看到朱老师深厚的古典文学功底。他不仅根据课文《爱莲说》创作了五言诗,而且还展示了自己的毛笔书法。教师创作的诗歌成为学生学习的内容,毛笔书法则在无形之中给予学生以感染与影响,受此影响,朱老师本身可能会成为学生学习和模仿的对象。学生不仅向课本学习,而且向教师本身的行为和才学学习。由于教师自身的素养与行为成为课程的重要组成部分,从这个角度来说,教师即课程。由于教师展示了自己深厚的积累与才学,所以更能够赢得学生的信赖;由于学习的内容就源于自己的老师,离学生更直接、更贴近,所以学生更容易和更愿意接受。

把教师的文本与课文内容进行互文性教学时,要分清楚谁为谁服务:是教师的文本为课文学习服务,还是课文为教师的文本服务。如果不分清楚,或者两者联系不紧密,就容易出现两条线索、两块教学内容,导致教学主线不明确、教学内容不集中的情况,要注意把教师的文本与课文内容紧密联系起来。

教师专业发展的四个阶段

教师在教学中关注点不同，与教师的专业发展阶段相关。不同的关注点，反映了教师不同的发展阶段，不同的发展阶段会有不同的关注点。明白教师在不同阶段关注什么，对促进教师的专业成长、专业发展具有一定的价值和意义。

教师专业发展的不同阶段及其关注点是什么呢？根据教师关注力度的不同，我们把教师专业发展分为四个阶段。

一、自我中心阶段：关注教材关注自我

教师专业发展的第一个阶段是对教材的关注。教师在备课时努力把握教材，努力参考其他人的教学设计。在教学时努力把教材中的知识点、训练点讲全面、讲细致、讲完整。他们认为，只要把课本中的内容讲好、讲完就是好的教学了，就完成教学任务了。

教师专业发展的第一个阶段还特别关注自己，关注怎么把教材的内容据为己有，然后告诉学生，关注怎么把自己准备的东西发挥出来。这个阶段的教师是"自我中心"的，更多地关注自己该怎么教，怎么教自己才能感觉好，很少关注学生会怎么学，会有什么感受，学生需要什么。

在这个阶段，可以说教材是围绕教师的设计需要被解读的，学生是围绕教师教学的需要被设计的。教师的需要是教学设计和教学实践的中心，教材、学生都是围绕着教师的设计意图参与到教学中来的。

二、学生中心阶段：关注学生关注互动

教师专业发展的第二个阶段是开始认识到，并不是教师唱独角戏可以教好的，好的教学必须还要有学生的参与。这个阶段又可以分为两个小的阶段。

一是在关注教材关注自我的基础上关注学生。这个时候，教师的教材意识、自我中心意识仍然很强，但已经开始认识到学生对于教学的重要影响，在备课和教学实践中，开始关注学生，开始注意把学生作为教学的重要因素纳入教学设计与教学实践。

二是在关注学生的基础上关注自我与关注教材。前一个阶段如果说是在"量的积累"阶段，这个阶段则是前一个阶段的"质的飞跃"。教师已经由"自我中心"、"教材中心"转到了"学生中心"，教师已经认识到教师与教材都是要围绕着学生的需要、学生的发展服务的，教学设计和教学实践都应是围绕学生展开的。教师思考和实践的是自己和教材怎样为学生发展服务。此阶段的关注自我、关注教材，不是为了"自我"的教，而是为了学生的学。

在注重学生的教学设计和教学实践中，学生是逐渐深入地参与到教学中来的。教师与学生之间有互动，而且有比较深度的互动，教师在与学生的互动中了解学生的需求，并不断满足学生的需求。

三、精致教学阶段：关注环境关注细节

好的教学并不是仅仅完成教学任务，关注学生、围绕学生发展就可以了；好的教学还应是精致化的教学、精细化的教学、高质量的教学。而要达到这样的教学，教师就不应仅仅关注学生、关注教材、关注自我，还应该关注一切参与到教学情境中来的要素，关注教学环境，关注一切在场的教学因素。

这个阶段，教师已经处于很高的水平，他不仅能够宏观地把握教学，而且能够非常关注教学的细节。他能够快速、准确地发现教学中出现的细微的变化，能够迅捷地辨识教学细节及其发展方向，能够迅速判别教学细节蕴含的教育价值、意义与危害，并且能够充分地利用教学细节。

四、教育哲学阶段：关注不在场的影响

更高一级水平的教学，不仅关注教学中一切在场的因素对教学的影响，而且关注不在场的事物对教学的影响。什么是不在场的事物？是那些隐性地、无形的但又对教育教学产生着制约的事物，比如，教师的人生哲学、社会的思潮、意识形态、现行的教育体制，等等。这些事物，并不在教学的现场，甚至不成为教学的内容，也不成为隐性课程的内容，但这些事情却在无形之中影响着，甚至支配着教学，它们可能影响教育教学的方向，影响着显性的、具体的教学行为。不在场的事物就是教育背后的事物，是一些既虚又实的事物。高水平的教师，已经不仅关注学生、关注教材、关注自我、关注环境、关注细节，而且关注不在场的事物对教学的影响。他能够洞察教学，能够穿越教学，能够把教学放到古今中外、纵横交织的时空里进行。这样的教师不得了，这样的教师了不得。

四个发展阶段并不是截然分开的，相互之间会有渗透。比如，并不是在第一个阶段教师就完全不关注学生，教师就完全不关注环境。他也是关注的，但关注的力度非常弱小。不可否认的是，教师专业发展阶段的客观存在。有时从一个阶段发展到另一个阶段需要很长的时间，需要教师多年工作经验的积累，并不是教师明白这四个发展阶段就可以快速达到哪个阶段的，但明白不同的发展阶段，可以为教师的专业发展提供一个明确的方向。

教师的上述发展阶段并不是随着教师年龄的增长、教龄的增长就可以自然达到的。虽然上述教师专业发展阶段与年龄与教龄在很大程度上是呈正相关的。但有些教师教了一辈子书，可能仍然停留在较靠前的阶段上，有的

教师虽然很年轻却可能达到很高的发展阶段上。

　　影响教师专业发展水平和阶段的因素很多，教师的教龄、经历、经验、所受的教育，个人的努力，个人的天资悟性等，都是影响教师专业发展的因素。 教师要不断地通过学习、通过自我努力提升自己，使自己尽快成长为高水平的教师。

异质介入：教师专业发展高原期突破的途径

教师专业发展存在一定的规律和周期，当发展到一定程度就会处于专业发展的高原期。美国教育学会发表的《谁是优良的教师》一书中说："教师服务成绩评定的趋势是曲折前进的。在教学的头几年，随着教学经验的增加，教学效果显著上升；教了五六年以后，习惯于已有的教学程序，进步的速度就不像以往那样快，甚至有逐步下降的趋势。如果不进修，即使再教20年，也不会有多大进步，到后来就会出现衰退的现象。"[1]

专业发展的高原期，是教师专业发展的必经阶段，既是教师专业发展走向阶段性成熟的表现，也是教师专业发展的瓶颈。要想得到更好的发展，必须想办法尽快摆脱高原期，进入新的发展阶段。对此，人们提出了一些促进教师克服高原期的措施，比如实行师徒制、成立教研组织、进修等。

在我看来，教师要尽快克服高原期，必须要有异质介入。所谓异质介入，是指有异于常态的内容介入专业发展的内容与过程。

为什么要异质介入呢？因为同质的内容早已经熟悉，对专业发展所起的促进和推动作用已经很有限了，如果只是在同质的内容中转来转去，很可能就转不出去，视野受到局限，水平也难以提高。异质是不同于原先的事物，会给原有专业系统带来冲击、打破系统内部的平衡，给系统带来新的生机与活力，从而使系统做出必要的自我调整。

珍珠的形成也是异质介入的结果。当蚌在海床进食时，贝壳张开，外来沙粒、寄生虫等异物偶尔掉进去，外套膜受到刺激，它就会分泌出珍珠质，把掉进去的异物层层裹住，使其圆滑，逐渐形成珍珠。

---

[1] 转引自于源溟著：《语文教学过程论》，济南：济南出版社，1997年6月版，第61页。

中医针灸中有一种埋线法，即把特制的线埋入人体的某些部位，从而激活血脉，达到治疗疾病的效果。这种埋线法的原理，就是异质介入的原理。所埋进去的线，相对于人体的肌肤是一种异质的东西，但它激活了血脉，达到了治疗的效果。

从某种意义上说，专业发展的高原期，也是专业发展的一种病症，需要治疗。这种治疗，可以采用异质介入的方法。

教师专业发展中的异质介入，就是教师通过自学或外出进修等方式，学习一些不熟悉甚至完全陌生的内容从而促进专业发展。这些不熟悉甚至陌生的内容可以是与专业内容或教育有关的理论或知识，也可以是专业或教育之外的陌生领域的内容，比如，学习一些社会学、心理学、哲学等学科的内容，或者一些前沿学科的内容。为此，教师要学习异域的东西，比如国外的东西、外校的东西、外学科领域的东西等。在学习这些陌生的、新鲜的内容的时候，既需要带着原有专业的眼光，也需要放弃原有专业的束缚，但其最终的落脚点是促进专业的新发展。通过异质介入，可以带来审视专业发展的机会和视角，寻找专业发展新的突破口。

异质介入，说起来容易，做起来难。很多人习惯了原先的思维方式、行为模式，这种熟悉的状态使人感到舒服和安全。异质介入，带来的除了新鲜，还会有不适应，甚至强烈的不适应，为此，有些人会产生强烈的对异己之物的排斥心理，甚至会产生强烈的抗拒行为。异质介入，需要解决这种心理，需要克服由此带来的困难。

要想突破专业发展的高原期，教师必须要有改变自我的勇气，必须要有尽快彻底改变自我的锐气。温温吞吞地做事情，有时很难取得成效。有了彻底改变自我的锐气，才会有"浴火重生"的可能。

在异质介入时，教师要抱定接受眼睛里进沙子般的痛苦，对异质的内容进行碰撞、内化后，专业发展的高原期就会在一定程度上被打破，从而生成新的"珍珠"。

突破教师专业发展高原期，请接受异质介入！

把培训进行到底

有个学期,我在教育学院给接受在职继续教育的教师上两门课程。 课程安排在每周六。 第一门课开课时有许多老师提意见,除了对时间安排在周六不满意外,还有两个老教师对来参加培训有意见。 他们说,上完你的课,明年就要退休了,你说来听课还有什么意思呢? 其中一个女教师说,我学了后准备回家教育孙子的时候用了。

这两个老教师虽然这么说,但课还是来上的,因为培训纪律要求严格。其实,不只是他们,即使其他一些教师,特别是中年教师对来参加培训有相当的抵触情绪,倒是一些年轻教师学习的积极性比较高。 从培训的实际效果来看,年轻教师积极性最高,中年教师抵触情绪重,老年教师学习的情绪消沉。

他们明确告诉我,选课只是为了要学分,只是为了完成培训任务。 年轻的教师如果培训学分不够,会影响评级晋职称等事项。 那个明年就要退休的男教师告诉我,他担心培训学分不够会影响到退休后的待遇,他马上就要退休了,已经没有继续参加培训的动力了。

我想,当培训成为教师的一种负担,培训的价值和意义何在? 如何才能让教师认识到培训的价值和意义,让培训学习成为一种内在的追求,而不是外在的强迫呢?

两个即将退休的老教师的声音,也让我思考:要不要对培训实行区别对待,比如规定一定的年龄以下的教师要参加,一定年龄以上的就不要参加了。 对此,我一直拿不准。

后来发生的一件事,彻底改变了我的想法。 我讲教学目标的表述,讲了行为观描述法中教学目标表述的 ABCD,即 Audience——行为主体,Behavior——行为动词，Condition——行为条件，Degree——表现程度。

讲完后，那个男老教师对我说：平常写教学目标时，我们都是从教师的角度来写的，经常写"培养学生的什么什么"之类的。

后来，我把这件事说与教育学院的张老师。他说："这回他可明白了，幸亏他来参加培训了，如果不来参加培训，马上就退休了，教了一辈子书还不明白是怎么回事。他应该感谢培训让他在退休前明白了。"

他的话让我眼前一亮，我找到老教师参加培训的根据了。如果不参加培训，有些教师即使退休了也还不明白一些专业方面的错误，参加培训了，即使马上退休了，也终于可以在退休之前明白其中的道理。从这个角度来讲，不论多大年纪的教师参加培训都是必要的。这件事件让我认知到，不仅仅每个教师要参加培训，而且每个教师都应该把培训进行到底。

当然，这是从激发教师参加培训的内在动力角度来说的，是从教师个人发展的角度来说的，与教育行政部门从宏观的角度要求教师参加教育培训的要求与意义认识的出发点是不一样的，但两者其实可以有效地结合起来。只有有效地激发教师参加培训的内驱力才能真正提高教师在职继续教育培训的效果。

最可怕的是什么？是有些人根本就不想明白，就想混碗饭吃。对这样不思进取的人，应该把他们从教师队伍里剔除出去。教人者先受教，这是教师最应该具备的认识。拒绝受教的，也应该被教育界所拒绝！

中国的教育要想发展，一方面要想方设法提高教师参加培训的内驱力，另一方面教师要具有积极进取的思想与行为，再一方面要把那些想在教育界混饭吃、误人子弟的人坚决清除。

教师主体性的缺失与重建

教师主体性的缺失，确切地说是教师教育主体性的缺失，即教师在从事教育教学活动中自主性、独立性、创新性的缺失。为什么会谈这个问题？因为在与很多教师的交往中，我多次地从他们身上感受到这一点。我没有做过具体的调查统计，但就我接触的教师来看，教育主体性缺失的教师有相当一部分。教师主体性的缺失，对教师、对学生、对教育都是一种深切的伤害，必须予以杜绝。

一、教师主体性缺失的表现

教师教育主体性的缺失表现在诸多方面，下面择要试述几个。

1. 对现实无奈地接受

现实中，教师面临许多尴尬和无奈，比如升学的压力、沉重的课业负担等。面对沉重的现实，许多教师采取的态度是无奈地接受，而不思考如何发挥自己的主体性去改变不如人意的现实。当把现实的东西视为当然，当把现实视为不可改变，而放弃对它的改变时，人的主体性消失了。许多教师在现实的压力下，选择了适从，选择了服从，选择了认同与接受。这时，教师的教育主体性已经消融了，他不再去思考如何改变自身，如何改变教育所面临的问题与困难。他们认为，这是他们力所不及的，是与他们无关的。这种置身事外的态度与行为，就是一种教育的不作为，或者说教师的不作为。或许，他们不再有委屈感、不满感，或许他们已经无奈地认同，但在这样的选择中，教师的教育主体性是缺失的。

2. 功利性的教育追求

教师的功利性表现在很多方面，比如，参加教育培训时，最想听的是给我讲有用的，听了学了回去马上就可以用的；在读书时，教师们选择对教学直接有用的，特别是对考试有用的。这种对教学直接有用、对考试直接有用、对提高学生的成绩直接有用的追求就是一种教育上的功利性追求。功利性，特别是考试的功利性成为教师工作的首要选择。

我并不反对教师的教育功利性追求，特别是为提高学生成绩而努力的追求。我甚至认为，不提高学生成绩，不仅会毁了学生，也会毁了教师自己。我反对的是只重视或太重视教育的功利性目标。并不是不可以有功利性需求，而是不能让功利性需求占据了主流，甚至成为了全部。

教师必须明白，我们所从事的教育是功利性与非功利性结合的教育。功利性的那部分，我们可以看作是以考试、分数、升学率驱动的部分。非功利性的那部分是以学生的身体健康成长、精神的健康成长为内容的部分。换言之，我们现实生活中的教育是以应试教育部分与素质教育部分构成的（或许这样的说法有把应试教育与素质教育并列的危险）。

教师不能只围绕应试教育的部分运行，还必须要注重素质教育的内容。看一看那些成功的优秀教师，他们是应试教育与素质教育两手抓，两手都很硬的教师。他们为什么能够做得这么好，因为他们发挥了自己的主体性，想方设法，冲出了应试教育的包围，冲出了应试教育的怪圈。他们超越了应试教育，在应试教育与素质教育相结合的道路上做出了成功探索。所以，他们是有教育主体性的教师。

那些天天围绕考试进行教学，天天只盯着分数的教师，已经沦落为考试的奴隶，已经被考试的指挥棒指挥得团团转，甚至转得晕晕乎乎了，他们哪里还有什么主体性？考试指挥棒使他们放弃了对教育教学的思考。

有追求，按理说，应该是具有主体性的，然而，功利性的教育追求，使教师在追求中迷失了自己，从而丧失了自己作为教师的主体性。

3. 专业发展上的不求进取

虽然，教师专业发展已经提出多年，已经成为一种必然的趋势，但是仍然有许多教师以种种理由和借口，拒绝接受继续教育，或不认真对待继续教育，更谈不上自己主动寻求专业发展。教人者，先受教。教师只有不断地提高自己的专业素养和各方面的素养才能更好地从事教育教学工作。

然而，遗憾的是，现实中有许多教师自己不求进取，不热爱读书、不喜欢教学科研，不愿意参加继续教育培训，等等。有些教师在备课时，要么依照教学参考书行事，要么找他人的教案来上课，好一点的找几个不同的教案来拼凑出自己的教案。对教学缺乏扎实深入的研究，缺乏深入的思考，不求进取，要么态度不积极，要么行动不得力，成为教师教育主体缺失的重要表现。

总之，对无奈现实的接受，对功利性教育的追求，使得许多教师放弃了自我努力，要么屈服于无奈的现实，要么服从于功利性的考试，在屈从与放弃中丧失了作为教师的主体性。

二、教师主体性的建构

教师主体性的回归，必须要思考：在现实面前，我们能做什么？选择接受、顺从它，还是努力改变它。一个有主体性的人，会选择改变它。作为教师，我们同样需要在现行的教育环境下，做出我们自己的努力。我们应该发挥主体性，主动出击改变一些什么。

1. 教师要持有教育理想

教育理想是教师所持有的教书育人的一种崇高的精神状态。教育理想是教师从事教育的指明灯，是教师行动的发动机。那些有所成就的优秀教师大都拥有自己的教育理想。有了教育理想，教师才能怀有满腔的热情，投入到教育教学实践中去，才能够不怕困难，勇往直前，才能够把自己的生命能量发挥到极致。

不可否认的是，现实生活中，许多教师是没有教育理想的。他们从事教师这个行业只是因为它是相对稳定的行业，它有两个假期等，或许有的人还认为教师这个职业还算体面，或者收入还可以等，更有一些人只是把它当做一个养家糊口，混碗饭吃的行当。教师当然要吃饭，要养家糊口，这是绝对正当，绝对要满足的基本条件。然而，当只是为了混碗饭吃，只是为了有份稳定的工作时，他就不会有在教育教学领域有所作为的动力，更不会有什么行动，他就会人云亦云，应付了事，他没有必要去进行下大力气的教育革新，没有必要去进行教育教学的"理智的冒险"，没有必要去做许多事情。他是消极的、他是应付的，他在教育教学中是缺失主体性的。

教师要具有教育的主体性，必须要持有教育理想。真正的教师是应该拥有自己的教育理想的。一个真正有教育理想的教师，一定是为了实现教育理想而积极进取、不断努力的教师，是一个有主体性的教师。

2. 教师要不断自我更新

当我们被太多的无奈所压迫的时候，当我们面临太大压力的生存环境的时候，我们应该怎么做？我们应该改变自己以改变环境。在这方面，魏书生是我们学习的榜样。他说：

用七分力量去埋怨、指责环境，可能一丝一毫也不见效果，有时甚至会适得其反，助长别人的愚昧和自己的野蛮。但只要省下七分力气中的一分，用来改变自己，就能使自己发生变化。

人不能要求环境适应自己，只能让自己适应环境。只有先适应环境，才能改变环境。①

需要注意的是，魏书生要大家先适应环境，但这不是目的，适应环境是为了改变环境。现实中，许多教师只是适应了现实的环境，却没有想到去改变环境。平庸的教师适应环境、依赖环境，优秀教师改变环境、创造环境。

平庸的教师不思进取，而优秀的教师常思改变，不仅改变自己，也要改变环境，不仅要对自己的环境改变做出贡献，还要为更多人的环境改变做出努力。

魏书生说："人总要面对一个不尽如人意的环境，总要从改变自己做

---

① 魏书生著：《班主任工作漫谈》，桂林：漓江出版社，1993年8月版，第3页。

起，才能适应环境，进而使环境朝着如人意的方向改变一丝，改变一毫。"①具有主体性的教师不断自我更新、自我改变，进而影响身边人，影响小环境，直至影响大环境。 这就是在不断发挥自己的主体性。

3. 教师要不断进行教学创新

如前所述，教学上的因循守旧、不思进取，是教师主体性缺失的主要表现。 教师主体性的发挥需要教师在教学上不断追求创新。 在教学设计时，可以参考他人的教学设计，但不要拿来就用，不要拼装组合，而要追求具有自我个性的教学解读和教学设计。 教师要善于运用各种手段和方法，不同的方式与艺术进行教学，要展现自己的教学个性，追求自己的教学风格。 如此，才能跳出不良的惯习，不断发挥自己的主体性、创造性。

缺乏教师主体性的教学，对学生是一种伤害。 有时这种伤害是无形的，看不见，摸不着的。 它耽误了学生一去不复返的青春年华，给他们传授了平庸的、错误的知识、思想与精神，为学生提供了劣质的教育。 一句话，误人子弟。

缺乏教师主体性的教学，对教师也是一种伤害，因为它消糜了教师的青春与年华，消糜了教师的才智与潜力，它使教师在碌碌无为中消度时光。

缺乏主体性的教师，在慢吞吞中浪费自己的光阴、浪费学生的光阴。

为了自己的生命更精彩，为了对所有学生负责任，为了整个教育事业的发展，教师应该高扬主体性，以饱满的精神状态，以积极进取的姿态，以不断创新的行为，投入到教育教学中来。

高扬主体性的教育教学，教师才能用自己的生命之光照亮学生的成长之路。

教育必须让教师高扬主体性！

教师必须要高扬自己的主体性！

---

① 魏书生著:《班主任工作漫谈》,桂林:漓江出版社,1993年8月版,第4页。

教学科研需要引导而不是强迫

在当今时代，如何引领教师从事教学科研，的确是一个重要的话题。在教师没有从事教学科研内在动力的情况下，必须通过外在力量的推动，让外在力量逐渐转化为内在力量。在推动的方式，即怎么推动上是值得思考的。

我不赞同做违反他人意愿的事情，不赞同对教学科研的"强势推动"，那违反人性，很不人道。我更喜欢或希望通过引领的方式让教师走上教学科研之路。这样的引领应该是循序渐进的，应该是不断给予教师以启发、帮助和支持的，即引领式的。当然，也可以采取激励措施，比如，不对教师做强制性的教学科研规定，但对有成绩的教师给予大奖励，让所有的人都看到教学科研出成果所带来的外在好处。这种只奖不惩的教学科研引领方式，不强迫任何人做，但做了一定给好处，防止了做与不做一个样，做多做少一个样，是一种既可以激励最优秀者，又可以引领中间者，同时不伤害落后者的方式。行政性的强势推动，需要慎用；行政性的柔性领导，需要多做。

教学科研的一个很大的问题在于，许多教师没有认识到，教学准备的过程、教学的过程、教学反思的过程，其实就是研究的过程。没有研究，就无法教好学。在很多教师的心目中，教学与科研是两回事。如果能够使他们认识到，两者其实是一体的，是同一件事情的不同方面，上课是研究的一种呈现方式，教学研究的成果是上课的一种呈现方式的时候，他们就能够在一定程度上把教学与科研合而为教学科研了。

说到底，没有教学科研，是教不好学的，不能真正促进教师走向专业化的。对教师的教学科研，我主张先从教学研究做起，如果这样的研究做好了，可以在此基础上，做些与课堂教学有一定距离的研究。比如，著名特级教师程翔，出版了《说苑译注》，这与他的语文教学研究有一定距离，但这对加强语文教师的素养，对促进语文教学是有间接或直接作用的。关于如何引导教师走上教学科研之路，在引领方式的多样化上，我们还需要继续探索。

克服师生心理差距

师生之间的心理交往和关系贯穿于教育全过程，渗透于一切师生关系之中。由于年龄、生理、经历等原因，教师与学生之间在心理上有许多明显的差距，认识这些差距并克服这些差距是融洽师生关系，激发学生学习动力，有效进行教与学的保证。常言道："亲其师，信其道。"师生之间的心理距离拉近了，师生关系融洽了，就会激发学生亲近老师、愿从师学的愿望。拉近师生之间的心理距离本身就是对学生学习动力的一种激发。每位教师都应采取有效措施，通过自身行为努力克服师生心理差距，激发学生学习的动力。教师在克服师生心理差距、激励学生学习动力时，可采取如下策略：

一、对待自己方面

1. 控制自我情绪

教育过程是充满矛盾的过程，有认识上的矛盾，也有情感上的矛盾。当师生之间产生矛盾时，教师一定注意不要情绪失控，做出伤害学生的事情来。在师生矛盾面前，情绪失控，耍教师权威，甚至不惜采取体罚学生的错误做法，只能激化矛盾，破坏师生关系。遇到矛盾，教师一定要冷静，三思而后行，也可以采取拖后处理的策略，让自己也让学生在拖后的这一段时间里有一个冷静的思考，等想出一个妥善的处理办法后再行处理。

2. 放下教师的架子

常言道：一日为师，终身为父。这话作为师道尊严的诠释，带有浓厚的封建色彩，像精神硫酸一样强烈地腐蚀着当代一部分教师，造成了他们在学生面前至高无上，神圣不可侵犯的心理个性，处处试图摆出先生的架子，以便维护自己的尊严。这种扭曲了的心态使教育者的言行也产生变态。他们总以为自己高高在上,一有机会便装腔作势,对学生进行言不由衷的空洞说教,常板着面孔告诉学生应该这样,不应该这样,不给学生独立思考和选择的余地。英国教育家约翰·洛克在《教育漫话》中说:"学生刚愎倔强常常是导师刚愎倔强的结果。"又说:"教师不可把自己当成惊吓鸟儿的稻草人,使学生见了自己的面就害怕。"教师摆权威与架子不仅不会增加其权威,反而会引起学生反感,拉大师生之间的距离。所以,一定要放下教师的架子,与学生平等相处,做一个可敬可亲的导师。

3. 展示自己的坦诚

教师要以真诚的态度对待学生。罗杰斯认为,真诚是第一要素,是基本的,所谓真诚就是教师与学生坦诚相见,不要有任何的做作和虚伪,喜怒哀乐完全溢于言表。罗杰斯说:"当我如实地表现自己时,我不必戴上盔甲去比试,而是无所顾忌地出现时;当我能接受这个事实:我有许多缺点和错误,做过许多错事同时又对自己的知识长于何处茫然无所知时;当我应该坦诚相见又常常持有成见、常常具有不为周围环境公正地证明的感情时——这时,我就能更为真实。"也就是说,教师在教学过程中以共同的生活者和伙伴的身份出现在学生中间,无拘无束地同学生坦诚相处,将自己的所思所虑直率地告诉学生,以此来赢得学生的信任和理解。

4. 勇于改正自己的错误

有错必改,善莫大焉。教师在工作中会出现这样那样的错误,面对错误要坦诚承认并认真改正。如果教师千方百计地掩饰自己的错误,其结果只能受到学生的鄙夷。敢于承认错误不但不会降低教师的威信,反而会使学生感受到老师的真诚,会更加尊敬老师。

二、对待学生方面

1. 创设心理自由与心理安全的氛围

心理自由的环境是指一种不受传统束缚,敢想、敢说、敢做,不屈从于权威的气氛。 心理安全的环境是一种没威胁、批评,且不同意见、想法均能受到重视、尊重、赞扬与鼓励的环境。 人本主义学者罗杰斯认为,上述两个方面能使学生形成下述特征:承认自己而不怕别人笑话或讥讽,可以自由地表达自己的想法,用不同寻常的方式来运用他的思维与想象。 这些特征都是一个"充分发挥作用的人"的基本态度,在教学过程中起着十分重要的作用。

宁鸿彬老师为激励学生的创造精神和大胆勇气,在课堂上宣布了"五个允许,四条原则"。 五个允许是:(1)允许听说读写有错误,(2)允许和老师争论问题,(3)允许随时改变看法,(4)允许随时提出问题,(5)允许保留自己的意见。 四条原则是:(1)表彰采纳同学的正确看法,(2)肯定同学中发言的正确因素,(3)妥善处理学生的错误答案,(4)老师说了错话或者有什么疏漏应当向学生做自我批评。 宁老师还引导学生要做到"三不迷信",即不迷信古人,不迷信名家,不迷信老师。 宁鸿彬老师的这些做法,为学生们创造了心理自由与心理安全,使学生敢于发表自己的见解,敢于向教师、教材、权威挑战,使师生能够融洽相处,共同完成教学任务。

2. 保护学生的自尊

教师要尊重学生,接受学生的个人经验、感情或意见。 所谓接受,有时也称信任或奖赏,要求教师能够完全地接受学生在教学过程中的乏味、困惑,产生的焦虑和挫折,并且接受学生达到目的时的那种惬意。 教师如实地接纳这些感情,理解这些感情,会促使学生进行积极的、自我的、主动的学习,产生更大的创造力和自我责任感。

对学生自尊心的保护,会给学生以无穷的力量,支持着学生不断进取,直至取得最后的成功。 英国教育家洛克说过:"教育上的错误比别的错误不可轻犯,教育上的错误正和错误配了药一样,它们的影响将是终生洗刷不掉的。"在教师所犯错误中,最严重的错误就是对学生心灵、自尊的伤害。 所以,教师一定要尊重学生,并努力保护学生的自尊心。

3. 给学生一个台阶下

当学生有了过失或处于尴尬境地时,教师能够及时地给学生一个台阶下是缩短师生心理距离，融洽师生关系的重要法则。 给学生一个台阶下，是教师宽容、大度、睿智的表现，还可以使学生摆脱困境，对教师心存感激。 显然，这会拉近师生之间的心理距离，同时也会对学生形成一种激励——激励自己做得更好。 一位学生在背诵课文时，突然背诵不下去了。 这时教师不好直接让他坐下，而是让他那一组同学和他一起来背诵。 背诵完后，那位同学与其他同学一起坐下了。 这位老师在学生处于尴尬境地时及时地给他一个台阶下，使他摆脱了困境。 学生在心里充满了对老师的感激。

三、教育措施方面

1. 把握教育分寸

分寸，是对人体贴和关心时，在任何情势下建立友好关系和解决冲突的最好办法。 教育分寸的重要任务是要促使孩子们树立一个正面的心理背景，这个心理背景能让孩子正确接受教师的要求，并把这些要求转变为行为。 有分寸地对待学生，意味着善于解决在教学过程中发生的矛盾，同时不再引起新矛盾。 教育分寸不是教师行为中一些个别的事情，而是行为风格，它必须使学生相信教师是友好的、体贴和善良的。 在师生交往中，教师一定要注意教育分寸，使自己的行为举止得体。 教师把握住了教育分寸，在师生交往中才不至失言、失礼、失信。 如果把握不好教育分寸，意气用事，可能会伤害学生，也使自己的形象大跌、威信扫地。

2. 换位思考

换位思考也就是将我和对象之间调换一下角色，站在对方的位置上，设身处地地体会对方的心理和行为动机。 它的出发点就是"如果我是他，我将怎样"。 师生之间遇到矛盾时，教师需要先进行冷静的思考，找出恰当的解决办法。 教师可以采取换位思考的策略，即教师设身处地来一个"心理移位"，把自己放在学生的位置上，从学生方面多想想，或解剖一下自己。 这有利于矛盾的缓和与解决，有利于维护与发展良好的师生关系。 教师对学生的理解可采取移情性理解的方法。 移情性理解，意味着进入他人的内心知觉世界……时刻敏于飘拂于他人内心的不断变化和能加以察觉的意义，敏于恐惧或者愤怒或者脆弱或者他（她）正在体验的任何东西。即教师要设身处地地站在学生的立场上考察或认识学生的所思所想、所言所为，而不是用教师的标准及主观臆断来框套学生；教师不仅理解学生的表面行为、态度，而且理解较深层的、本质的情感。

换位思考能够使教师和学生之间相互尊重、相互理解。在通常的教育学研究中，往往要求教师理解学生、尊重学生。但仅能够尊重理解学生的教师，还不能算作是好教师，教会学生理解别人、理解教师同样是教师的责任。教师要把换位思考法教给学生，使学生站在别人的立场上思考问题，培养学生基本的合作素质。当师生都能够换位思考时，师生之间就很容易沟通，他们之间的心理距离就可以很快缩小。

3. 运用"皮格马利翁效应"

皮格马利翁效应来自于一个美丽的传说，雕刻家对少女雕像投入全部的心血，真诚感动了上天，使少女变活。罗森塔尔和雅各布森用实验的方法证明了皮格马利翁效应的存在，于1968年发表了《教室里的皮格马利翁：教师预期与学生智力发展》，由此揭开了教师预期研究的新篇章。"皮格马利翁效应"，其实就是"爱的效应"。没有真正的爱就没有真正的教育。热爱学生是进行教育的前提，教师要展示自己对学生的爱。师爱是每位教师都具有的，但由于其程度不同，所产生的效果也就不同。同样的话，同样的道理，出自自己尊敬、爱戴、亲近的教师之口就愿意听，有时哪怕是严厉的批评也能接受。如果批评者是一个同自己没有心理沟通的陌生人，接受时就会有所选择；如果批评者是自己所厌恶的人，即使他说的是正确的，也常常不能接受。教师平时无私地热爱每一位学生，和蔼可亲，容易接近，但又对学生严格要求，不放纵，不姑息学生的缺点，才会博得学生的尊重与热爱。教师在学生心目中树立良好的威信与形象，学生在心理上就会接受老师，并愿意和老师交往、接近。

教师在教育教学中真心地爱学生，就会通过自己的微笑、眼神、面部表情、动作、语言等传递给学生。学生受到教师爱的暗示，会产生积极的情绪、情感反应。学生的这种情感反应又会反馈给教师，使教师更自信，更热爱自己的学生与工作。教育教学中爱是师生情感交流的基础，是教学取得成功的重要保证。每位教师都应学会面带微笑地进入课堂，面带微笑地面对每一个学生，都应该热爱自己的学生并向学生展示自己对他们的爱，这是增进师生情感，改进师生关系，激发学生学习动力的重要方式。

4. 利用"自己人效应"

"自己人效应"就是让学生感到教师是与自己站在一起的人。"自己人效应"一旦产生，学生就会把教师看成是自己的朋友，在心理上就会和教师站在一起，要想让学生产生教师是"自己人"的感觉，就要处处为学生着想，与学生站在一起。即使在批评学生时，也要让学生感到老师这是在为我着想，老师批评我是为我好。

有一个学生爱与别人打架。有一次他又与社会上的人打架了，班主任老师对他说："你爱打架是不是？如果下次你打不过他们时，来找我，我帮你打。不过，我不希望你再去打架，你应当把心思用到学习上来，多和学习上的困难打打架。"后来，这个学生真的没有再打架，学习也进步了许多，对班主任老师也更加尊重。这位教师并不会真的帮学生去打架，但是他抓住学生的心理，不仅没有批评学生打架，反而说要帮他打架，使学生对老师一下子产生了"自己人"的感觉，所以他的教育起到了良好的效果。

总之，教师在缩短师生心理距离中起着关键作用。每位教师都应采取适当的策略，努力缩小师生之间的心理距离，创造融洽的师生关系，为教育教学工作打下良好的人际基础。

读几本"看家书"

在行业里谋生存、谋发展，需要拥有一套看家本领。看家本领是一个人特别擅长的技能。对教师来说，也应该拥有自己的看家本领。作为以读书、教书为职业的教师，看家本领的一项重要内容是有自己的"看家书"。

谈到读书，苏霍姆林斯基曾说过："最重要的是，要让每个青年都找到一本合适的书，这本书能拨动他的心弦，使他精神振奋，并在他的心灵中终生留下痕迹。阅读这本书应当成为他的精神生活中的一个转折点。"[1]苏霍姆林斯基所说的能够拨动心弦、振奋精神、在"心灵中终生留下痕迹"的合适的书，在我看来就是"看家书"。

看家书是指那些在个人职业生涯或生命历程中起着重要指引作用的书籍；是那些与自己有"缘"的契合个人需要，自己愿意阅读而且读到心里去能够引起共鸣的书；是那些在很长时间甚至一生都不断咀嚼回味的书；是那些遇到新情况或新情景时，可以不断被想起来、不断被运用的书。

意大利文学家伊塔洛·卡尔维诺（Italo Calvino, 1923—1985）曾经谈到他认识的一位出色的艺术史专家与《匹克威克外传》的关系。这位艺术史专家是一个极其博识的人，在他读过的所有著作中，他最喜欢《匹克威克外传》，他在任何讨论中，都会引用狄更斯这本书的片断，并把他生命中每一个事件与匹克威克的生平联系起来。渐渐地，他本人、宇宙及其基本原理，都在一种完全认同的过程中，以《匹克威克外传》的面目呈现。[2]

---

[1] [苏]苏霍姆林斯基著，赵玮等译：《和青年校长的谈话》，载《苏霍姆林斯基选集（第四卷）》，北京：教育科学出版社，2001年版，第685页。

[2] [意大利]伊塔洛·卡尔维诺著，黄灿然、李桂蜜译：《为什么读经典》，南京：译林出版社，2006年版，第6页。

进入心灵并终生留下影响，需要时随时被提取，这是"看家书"的重要特征。《匹克威克外传》进入这位艺术史专家的心灵，给他的一生以深刻的影响，而且在他需要时可以随时提取其中的片断。他从这本书中汲取存在的力量，也通过它释放生命的能量。《匹克威克外传》就是这位艺术史家的"看家书"。

德国著名的诗人亨利希·海涅（Heinrich Heine，1797—1856）对《堂·吉诃德》的阅读成为他生命中不可或缺的组成部分。海涅少年的时候曾经因为一个偶然的机会在皇家花园的"叹息小径"上如痴如醉地读着一本《堂·吉诃德》。这次阅读的经验如此深刻地烙印在他心灵的底版上，从此成为他精神世界的底色，以致他成人后多次重读这部巨著，虽然对这部书的理解多次发生转变，但每一次变化与深化的观点，如果不以第一印象为出发点和参照系，就简直难以完成。这次阅读，种下了他精神的胚芽。《堂·吉诃德》之于海涅就是"看家书"，因为这部书为他的精神打下了底子，成为他生命中不断开启的书。

海涅读书的故事，我是从特级教师邓彤的书中看到的。如果说上面的两位是国外的艺术史专家、著名的诗人，而非教育中人，那么邓彤老师阅读《红楼梦》、教学《红楼梦》的经历，可以作为教师读看家书的一个范例。

邓彤喜欢读《红楼梦》，他在为高三学生讲解《林黛玉进贾府》时，兴之所至，生发开去介绍了一番"绛珠仙草、神瑛侍者，荣宁二府、太虚幻境"，不料引起了学生极大的兴趣。他索性为学生开设了一个"红学"讲座，结果获得了很大的成功。他认为，这次的成功，乃是由于他对《红楼梦》的几年阅读浓缩后展示给了学生。由此，他开始酝酿开设《红楼梦》导读的选修课。在精心准备的基础上，他正式开设了《红楼梦》导读选修课，试图用一年的时间，引导学生认认真真地研讨一部高品位的著作。经过一年的选修课教学，无论教师还是学生都有了一种脱胎换骨的感觉。

"看家书"是读者的精神之核、发展之核，围绕这个核会生发出许多机会、许多内容，以它为核心不断向外扩张，像滚雪球一样，知识面、思想和境界等会不断扩展，越来越开阔、越来越深刻。两轮《红楼梦》导读选修课教学后，邓彤忽然觉得自己的小说教学最受学生欢迎，他的小说教学也最为得心应手。不仅如此，他的教学科研也开始不断进步了。后来，他的《红楼梦》研究的系列论文开始成批地发表。10年后，他的专著《〈红楼梦〉导读：中学生读〈红楼梦〉》也得以出版。①

很显然，《红楼梦》是邓彤老师的"看家书"。他由自己喜欢阅读到上课即兴发挥，而后开设《红楼梦》讲座，进而开设《红楼梦》导读选修课。在这个过程中，他的小说教学也最为得心应手了。扩而广之，他的教学科研也从论文到专著，取得了丰硕的成果。一本《红楼梦》，给邓彤带来了多么丰厚的回报啊！

邓彤老师的事例说明，教师拥有一本"看家书"会影响他的教学，影响他的教学科研，影响他的整个职业生涯。拥有"看家书"，教师的专业发展就拥有了基础。

"看家书"，怎么读？邓彤老师的做法也可供参考。他利用一个暑假将《红楼梦》原著通读四遍，在一本岳麓书社出版的普及本《红楼梦》上密密麻麻地写下了许多读书心得；又从《红楼梦学刊》编辑部邮购了自发刊号直至当年的15年间的近60本杂志；认真通读过之后，又研读了几本"红学"专著：王国维的《红楼梦评论》、俞平伯的《红楼梦辨》、一粟的《红楼梦研究资料汇编》、郭豫适的《红楼梦研究史稿》、孙逊的《红楼梦脂批初探》；还四处搜集与"红学"有关的图书乃至器物；为进一步理解"红楼"，又读了几部"红学史"，还非常认真地读完几本小说理论。

从邓老师读"看家书"的经历中，可以看出，读看家书一定要先读原著，只有读原著才能原汁原味地体味原著的魅力。而且只读一遍肯定是不行的，要多读几遍，反复读，而且要在人生不同的阶段读。除读原著，还要读相关研究著作，通过阅读他人的研究进一步拓展自己的视野、加深自己的理解，使自己对"看家书"的理解更加立体、更加多元、更加深刻。作为老师，在读"看家书"时，还要结合自己的工作，带着教育教学的视角去读，

---

① 邓彤著：《邓彤讲语文》，北京：语文出版社，2008年版，第17页。

想方设法把"看家书"转化为课程教学的资源、转化为教学科研的资源,这样"看家书"就会在专业发展和课程教学中发挥出更大的作用。

"看家书"给予我们观看这个世界的视角与力量,我们也会不断地运用新视角地重新审视、反思和咀嚼"看家书"。德国著名教育家第斯多惠(Friedrich Adolf Wilhelm Diesterweg,1790—1866)说:"每一个靠文献过日子的人,心目中都有自己所崇敬的作家,——这些作家,我们格外要和他们和谐相处。我们要三番五次回到这些作家,我们可靠的朋友身边。每每回到这些作家身边,都会感受到一次新的喜悦,深深体验到过去没有真正得到的财宝——这又证明我们的思想同时又前进了一大步!这种进步的喜悦不是将会使我们回味无穷吗?"[①]第斯多惠所说的,自己心中所崇敬的作家的作品,也是"看家书"。"看家书",是我们不断从这里出发,又不断回到这里,然后又开始出发的书。"看家书",在守护精神家园的时候,也在不断重构精神家园,它既有守护精神家园的封闭性,同时又具有不断被打开的敞亮性。"看家书"由于不断被重新诠释而变得丰厚,在反复阅读、不断体悟"看家书"的过程中,个体的生命不断被累积叠加,变得丰厚充盈,在一次次阅读中感受由此带来的思想的提升、认识的升华、生命的欢悦。

"看家书"不在数量多寡,一两本足矣,三五本也不为多。"看家书"可以是经典著作,也可以是非经典著作;可以是大家常见之书,也可以是偏僻之书。重要的是读者与书之间要有心灵上的共鸣,能够读到心里去,在心里扎根,并且不断生发出生机与力量。

我的"看家书"有几本,比如《增广贤文》、《学记》、魏书生的《班主任工作漫谈》等。有一个老师对我把《班主任工作漫谈》当做"看家书"很不以为然、甚至不屑。他"总觉得但凡做学问的人,研究的定是一些古时一些很有说服力的经典籍刊,哪一位我们所熟知的文学大家史家大师,不是由此而做出一番事业名垂青史。可是一位堂堂的博士居然把这么一本现代

---

① [德]第斯多惠著,袁一安,译:《德国教师培养指南》,北京:人民教育出版社,2001年版,第46页。

教学书当成"看家书",足见他对魏老师的'一往情深'啊。"其实,经典籍刊未必会成为一个人的"看家书"。能否成为"看家书",并不取决于它是否是经典,而取决于书与人之间是否投缘,书是否能够激起人的共鸣,能够持久地激发人的力量。

　　魏书生的这本书激发了我,给予我深刻的影响。魏书生说,人要在夹缝中求生存,在困难中求发展,在不如意中求如意。每当遇到困难时,特别是人生的大困难时,魏书生的这句话就会浮现,给予我对抗困难的勇气、克服困难的力量。魏书生对后进生说:要相信自己是大器晚成者。每当想到这句话,我都会很感动,一个教师能如此认识后进生,给予后进生一种温暖而向上的力量,是多么的难能可贵。我在阅读其他书籍、学习新内容时,不断地从新角度咀嚼魏书生的《班主任工作漫谈》。我从教育的价值取向、隐性课程、人学、利导思维、心理教育、教育激励、班级管理、课程资源开发与利用等众多新角度对魏书生的教育进行解读,获得了对教育更加宽广和深入的认识。魏书生的这本《班主任工作漫谈》给予我认识人生、对待人生、把握教育的力量。

　　"看家书"不断打开生命之窗,从职业的角度看,也不断打开职业发展之窗,打通专业发展之路。"看家书"是教师课堂教学、教学科研、专业发展中积累知识、积累材料、积累力量的"核",有了它就可以不断吸纳、不断发挥、不断发展。"看家书"就是蓄水池,可以源源不断的吸纳活水源头,也可以不断释放出积累已久的力量。教师拥有了"看家书",也就拥有了职业发展的基地,专业发展的平台。如此看来,教师应该读几本"看家书",拥有自己的"看家书"!

　　"看家书",你拥有了吗?

读几本难懂的书

最重要的是，要让每个青年都找到一本合适的书，这本书能拨动他的心弦，使他精神振奋，并在他的心灵中终生留下痕迹。阅读这本书应当成为他的精神生活中的一个转折点。①

—— 苏霍姆林斯基

教师读书，不仅要读看得懂的书，更要读难懂的书。 只是一味读自己看得懂的书，就只在那样的水平上转来转去。 如果一读就懂，那么就不会有多大的提升。 通过努力，读懂了难懂的书，肯定会在某些方面有长足的长进。 难懂的书一定要读，读难懂的书最能提高我们的水平。

难懂的书之所以难懂有许多原因：缺乏背景知识、知识结构缺陷、文化背景隔阂、思维水平不到、理解能力不足、语言的障碍，等等。 不论何种原因，难懂的书放在我们面前都是一种客观存在，都是一种理解障碍。 我们要想办法由读不懂到读懂，这个过程往往是艰难的，付出的努力是很多的，但一旦读懂了，喜悦与收获也是很大的。

王元化读黑格尔《小逻辑》的历程正是读"难懂的书"的历程。他说：②

记得初读《小逻辑》时，宛如进入一个奇异的陌生世界。我完全不能理解黑格尔所用的专门名词和他的表达方式。费尔巴哈曾经说，黑格尔将具体的例证都放到脚注中去了。他的正文是思辨性的、抽象性的。试想这怎么能够

---

① ［苏］苏霍姆林斯基著，赵玮等译：《和青年校长的谈话》，载《苏霍姆林斯基选集（第四卷）》，北京：教育科学出版社，2001年8月版，第685页。

② 王元化著：《九十年代反思录》，上海：上海古籍出版社，2000年12月版，第219—220页。

使一个从来不习惯于思辨思维的人去理解它？在读《小逻辑》的开头几天，我完全气馁了，几乎丧失了继续读下去的勇气。可是我想我应该像许多开头并不懂黑格尔的读者一样，无论如何应该把这部难读的书读完。我打算反复去读，先通读一遍，然后再慢慢细读或精读。这个决心一下，我驱走了失望情绪，耐心地去读第二遍。在上面提到的那本现已破旧的《小逻辑》最后一页上，我记下"一九五六年十一月一日下午第二次读毕。上次历时两个多月，做了十一册笔记，共三百二十六面，约二十万字左右。"我在第二遍阅读时，开头很缓慢，每天早上只读书中的一节。我要求自己尽量读通读懂，对书中的某些疑难问题，有时一直从早上考虑到下午。这样一点一点去消化，使人养成了一种钻研的习惯。后来我从一些艰深著作中得到了读书之乐，就是从这时开始的。

王元化共读了三次《小逻辑》，平时翻阅检索的次数就不可计数了。如此慢，如此费时费力地读《小逻辑》有什么效果呢？王元化说："我应该承认，如果说我也有一些较严格的哲学锻炼，那就是几次认真阅读黑格尔《小逻辑》为我打下了基础，使我以后可以顺利地阅读黑格尔的其他一些著作。"[1]王元化还提到读黑格尔的《美学》与《小逻辑》的对比。他说："倘使和读《小逻辑》的艰难比较起来，我读这部书不知要轻便多少。人们常说黑格尔的哲学晦涩难懂，其实这并不确切。黑格尔哲学的难懂处，如果撇开在理论结构上由于使用了强制性手段，以致常常暧昧不明之外，主要是由于他拥有一整套与别人不同的独具意蕴的名词和术语，如果掌握了他的专门名词和术语，黑格尔哲学是并不难懂的。我曾经把他的哲学比作一杯不羼杂质的清水一样纯净明澈。"[2]为什么初读《小逻辑》时完全不能理解，后来却感到他的哲学如同"一杯不羼杂质的清水一样纯净明澈"？为什么读黑格尔的《美学》时会如此轻便？其实，皆因前面有读难懂的《小逻辑》的功底和功夫啊。可见，读难懂的书，起初费时费力，但其收益却是读其他的书所不能比的，读难懂的书的体会与经验对于理解其他事情也是有助益的。

---

[1] 王元化著：《九十年代反思录》，上海：上海古籍出版社，2000年12月版，第221页。
[2] 王元化著：《九十年代反思录》，上海：上海古籍出版社，2000年12月版，第229页。

如果说王元化的读难懂的书《小逻辑》，还是学人的读书，那么让我们看看教师中读"难懂的书"的例子，即李海林读两部半书。李海林是一位理论思维非常好的著名语文教育理论家和语文特级教师，他的《言语教学论》等著作具有很高的学术水平与学理价值。

李海林大学毕业时要写毕业论文，指导教师樊篱先生要他试着读读《资本论》第一卷和《1844年哲学经济学手稿》两部书，告诫他不要看得太杂。回来后，他借来了老师指定的这两本书，下定决心要读个透。他当时的读书情况是：①

大概有几个月的时间，我每天都抱着这两本书，硬着头皮啃，但真的读不懂。为了不太枯燥，我两本书轮换着读，事实证明这个办法不行。我发现，一方面是我水平低，另一方面也是因为翻译的缘故，于是我借来不同译本对照着读，事实证明这个办法有一定的效果。但最有效果的办法，是先把自认为读懂的意思用自己的话记录下来。几个月的时间，我记录了一大本。每一章读完后，对照着自己记录下来的理解，再重读一遍，你会发现你能读懂的多了一点。这样逐步积累，可以慢慢读懂一章。现在回想起来，这几个月，是我这一生读书最艰难、也最认真的一段时光。当时我心里一点都不着急，很慢很慢地读，每天都为读懂了一点而感到非常高兴，非常有成就感。最大的收获，就是感受到了"逻辑"的力量。

李海林谈到他读《1844年哲学经济学手稿》的情况是：②

而照我看来，《1844年哲学经济学手稿》比《资本论》更难读。《资本论》是一本完整的书，而《1844年哲学经济学手稿》是一部未完成的著作的片断。但这部书当时被学术界提得很高，有的学者认为这是对马克思的重新发现。所以我只能硬着头皮来读。读了一遍，几乎啥也没有读懂。我又找来朱光潜的翻译片断，还是读不懂。实在没有办法，我就干脆把这本9万字的著作通抄了一遍。这是我一辈子唯一的抄书经历。事实证明，这种办法是有点效果的。我

---

① 李海林著：《李海林讲语文》，北京：语文出版社，2008年1月版，第5页。
② 李海林著：《李海林讲语文》，北京：语文出版社，2008年1月版，第5页。

后来总结其中的原因：一边抄一边就会思考，抄的时间要比用眼睛看的时间长，思考的时间也就长了，所以就会有效果些。

读难懂的书其实也是在给自己的学问与素养扎根。有些东西当时未必见效，但会在今后漫长的学术生涯与职业生涯中带来益处。

王元化1956年初读《小逻辑》。20世纪60年代，他向熊十力先生问学时，他批评读书"贪多求快，不务深探"的作风，而提倡"沉潜往复，从容贪玩"，使他深铭于心，即是由于有过读《小逻辑》的体验的缘故。难懂的书，读多了一不小心就会把它变成"看家书"了。《小逻辑》之于王元化就是这样的情况，因为《小逻辑》打下了王元化学术的一桩根基。

李海林谈到，读《资本论》"很多年后，我曾专门研究过阅读的心理过程，在研究国外的一些文献的时候，我发现了'猜测'一词。他们认定，阅读的过程，其实就是这样一个猜测、对猜测的印证或否定的过程。我立刻想起了我在大学里啃《资本论》时的情景，觉得此言不虚矣。"[1]李海林还谈到他读《1844年哲学经济学手稿》的后效："后来在一本哲学史著作中读到，存在论的前提是认识论，有什么样的认识论，就会有什么样的存在论的回答。这些很难懂的话，我都一读就懂，就是从我读《手稿》时的切身体会出发的。"[2]

若没有当初读难懂的书的深切经历，怎能有多年后对其他事物的深切认识与判断。那些伟大的著作，那些艰深的著作，必然是经由伟大的心灵和深刻的思虑而写就的。因此，也就需要付出艰苦的努力去深透地理解。高深的学问只能在高深处理解，高妙的境界只能在高妙中体会。若无法达到那样的精神高度和精神深处，便无法领略其中的奥妙与美妙。

通过王元化和李海林读难懂的书，我们可以发现这样几个相似点。

一要先下读懂的决心。读书先立志，志不坚者事不达。要把难懂的书读懂必须要有读书的决心，这一点非常重要。由读不懂到读得懂，到读出创

---

[1] 李海林著：《李海林讲语文》，北京：语文出版社，2008年1月版，第5页。
[2] 李海林著：《李海林讲语文》，北京：语文出版社，2008年1月版，第6页。

造性思想，这肯定需要一个渐进过程。读难懂的书一定要在困难时坚持住，坚持读完，坚持到读懂，读彻底。

二要慢读。欲速则不达，慢工出细活。读难懂的书，更是不能求快，静下心来，仔细读、慢慢读，边读边体会，一点一点地消化。读书如吃饭，那些容易理解的、好消化的如同稀饭，喝下去很快，但不能撑时候；那些不容易理解、难读难懂的书如干饭、硬饭，需要慢慢咀嚼、慢慢消化，吃时慢，用得却持久。

三要有读书的策略。读难懂的书更需要有一定的策略，才能慢慢把它们看懂。不论是王元化的反复读、反复思虑，还是李海林的几个不同版本对照读、猜测读、抄写，都是读难懂的书的策略，这些策略被他们证实是有用的。其中写读书笔记是两个人都用的办法。要把自己的理解、心得体会、迷惘困惑等及时记录下来，这个过程是整理思路的过程，也是加深认识的过程。读难懂的书读不动、读不下时，也可以放下来先不管它，读些相关的书籍，学习些背景知识，然后再读，这样会好很多。

难懂的书中，除了专业性强的书外，特别应该阅读一些哲学书。哲学代表了人类思考的高度与深度。阅读哲学不仅可以使思想深刻，最重要的是可以改变思维方式，从而提升思考力。因此，建议教师们"啃"几本难懂的哲学书。

难懂的书虽然难懂，但一旦看懂就会给人以终生的影响，给人以深刻的教益，甚至无穷的教益。教师应该读一些难懂的书。

写作之于教师的意义

勤于动笔,及时写作,对于教师而言是非常重要的。

写作可以促使教师不断观察、不断思考,可以使教师保持旺盛的思考力。写作可以使教师成为一名思考者,进而成为一名思想者。一个有旺盛思考力的人,会不断拓展思考的空间,不断加深思考的深度,会站在思想高处来审视教育、审视教学,审视社会、审视人生。一个可以站在思想高处的教师,才可能具有高屋建瓴的眼光,驾重就轻的能力,才可以为学生提供更好的指导。由此可见,写作对于教师的价值和意义,就不仅是写作本身这么简单的事情了,就不仅是教师自身发展这么简单的事情了。写作在提升教师素养的同时,提升了教育教学的水平和质量,影响了学生的发展与前途。

写作可以为教师积累丰富的思想资源。不说每天都写,最起码每周都应该写点东西。如果每周写两万字,那么10周就20万字,一本厚厚的书呢!如果能够坚持下来,一年、十年、一生,将积累多少丰富的思想资源啊!这些思想资源可都是内生的、内发的,都是自己的。一个有丰富思想的人,会是一个非常差劲的老师吗?不,他会是一个优秀的教师。他会用自己的丰富的思想滋养他自己的教学,滋养他自己的学生。一个思想贫乏的人,他的教学也一定是无趣的、乏味的,没有个性可言的。

为什么一定要写作?为什么一定是写作?因为写作,才能物化思想的成果,不写作,那些思想的火花就会因时过境迁而消失得踪迹难觅。写作是记录思想、保持思想、总结思想、系统思想的好方法。因此,不仅要写作,而且要及时写作。有了想法,你就要写。

为什么要坚持写作?因为坚持写作才能坚持思考,才能不懈地进步,不断地发展,才可以不断提升教师的内在素养,提升教师的认识水平、思维能力、表达能力等。

虽然，会写的教师未必是会教的老师，但教师坚持写作给教师带来的不断思考的习惯、不断认识的习惯、不断前进的力量对教学而言却是非常宝贵的。写作是丰富教师人生，提升教师人生，同时也是提升教育教学质量的一条重要途径。这或许是为什么那些有识之士在不断呼吁教师要写作，写教学随笔、写教学反思、写教研论文等的原因吧。

应该经常把自己的想法写下来，表达出来，日积月累就会有想不到的收获。对于写作，最重要的是坚持，是持之以恒。长期坚持，必有奇效。

教师们，拿起笔，坚持写些东西吧！

做一名专业教师

做一名有专业尊严的教师，这是窦桂梅一本书的名字。我很喜欢这个说法。窦老师认为要拥有老师的专业尊严：一是要拥有专业自信，二是要拥有专业技能，三是要成就专业自我。我们自己应该怎么理解专业尊严呢？什么是专业尊严呢？怎样才能成为一名专业教师呢？

既然提出要做一名有专业尊严的教师，说明有些教师是没有专业尊严的。为什么？因为他们不专业。

现行教育体制下，中小学的教育是分科的，比如语文、数学、英语、历史、物理、化学、音乐、美术、体育之类。我们的教师也是从属于不同学科的，因此，有语文老师、数学老师、英语老师之类的称呼。学科与专业是密切相联系的，有学科是不是有专业呢？

从中小学的教育实践来看，有学科的教师未必有专业。也就是说，虽然你是某学科的教师，但你未必是这个学科的专业教师。比如，以前学经济学的，后来成为了语文教师，在从教的时间内，他可能就不是一个专业的语文教师。

专业教师是否与教龄有关呢？回答是否定的。教龄长并不代表专业强，有的人教了一辈子书仍然教不好书，不会教书。可见，专业教师与教龄没有必然关系。

那么什么样的教师是专业教师呢？下面几点可能是需要具备的。

一、拥有专业智能

1. 拥有专业知识

这里的专业知识是指与从教学科直接相关的专业知识。比如，物理教师需要具备的基本的物理专业的知识，化学教师需要具备化学专业的知识，语文教师必须具备语文的专业知识。

2. 拥有专业技能

专业技能指与所从事的专业直接相关的技能。比如，物理教师必须具备做物理实验的技能，化学教师必须具备做化学实验的技能，语文教师必须具备良好的阅读技能、写作技能，必须具备良好的语感等。

3. 拥有专业态度

专业态度是从事专业活动时的基本的、持久的态度。专业态度包括对专业的立场、价值取向、专业感情等内容。这种态度是与本专业直接相关的一种态度，代表了专业人士的专业立场、专业利益。专业态度体现在专业人士，在专业活动和非专业活动之中。

4. 拥有专业眼光

专业眼光，主要是指具备专业判断的能力。这是区别一个人是否专业的重要标志。专业人士应该具备专业眼光，应该能够发现非专业人士不能发现的东西，应该能够做出比非专业人士深远的、更理性的专业判断。

二、拥有教育专业智能

拥有专业知识、专业技能、专业态度、专业眼光是否就是一个有专业的教师了呢？答案是否定的。具备上述条件，可以成就一个专家，却未必可以成就一个专业的教师。

要成为一个专业的教师还必须具备教育的专业知识、教育的专业技能、教育的专业态度和教育的专业眼光。这是专业教师和专家的重要区别。

1. 教育的专业知识

教育的专业知识，包括课程论知识、教学论知识、教育管理知识、教育评价知识等内容。

2. 教育的专业技能

教育的专业技能，包括教学设计技能、教学实施技能、教学评价技能、教学科研技能等内容。

3. 教育的专业态度

教育的专业态度，包括教师对教育教学的理解、教师的教育理想、教师的价值取向、教师对教育教学的情感、对学生的情感等内容。

4. 教育的专业眼光

教育的专业眼光，包括教师对教育教学发展态势的判断、对学生发展状态的判断、对教育中存在的问题的判断等。

由上述专业智能与教育专业智能的划分可以看出，一个教师可能拥有学科，却不一定是专业的教师；一个教师可能拥有专业，但同样未必是一个专业的教师。

要成为一名专业的教师，必须同时具备专业智能与教育专业智能，也就是说，专业教师必须既是一位学科专家，又是一个教育教学专家。这两项专业智能都是需要长期的学习与实践锻炼才能够形成的，因此，每一位专业教师的形成都是经历了长期的学习与实践锻炼的。

专业尊严来自在于专业地位。拥有专业的人，是拥有专业知识、专业技能、专业态度和专业眼光的人，是非专业人士所不能替代、无法企及的。由于他们的专业化程度非常高，所带来的不可替代性，使他们的存在具有独特的价值与地位。因此，专业人士是有专业权威的，有专业尊严的，是值得尊敬的。

教师首先让自己成为一个教学专家，然后才能获得他人的尊重。没有专业，不专业，就无法成为专家，就无法获得他人的尊重。专业教师是专业人士，是其他教师和其他人士所不能替代的，他们是有专业尊严的，是应该受到人们尊敬的。

做一名专业教师，应该是每一个教师努力的方向。做一名专业教师，既应该是每一个教师的追求，也应该是每一个教师的责任。只有向专业教师的方向努力，努力成为专业教师，才不辜负教师的职责与称号。

教师的灵魂在哪里

教师是人类灵魂的工程师,这是人们对教师职业的崇高赞赏。 可是,我们怎么来找到支持这种话的证据呢? 如果找不到支持这句话的证据,那只能说明这是一句骗词,而不是一句赞语。

这句话表明,人类是有灵魂的;人类的灵魂是可塑造的,即教育是可行的;教师是塑造人类灵魂的。 教师真的塑造了人类灵魂吗? 教师真的有能力塑造人类灵魂吗?

既然教师是人类灵魂的工程师,教师有没有灵魂? 如果教师没有灵魂,他能成为人类灵魂的工程师吗?

说教师是人类灵魂的工程师,是一种教育隐喻。 这个提问当然不是问教师个人的灵魂,也不是在唯灵论的意义上来提问的,同样也是在隐喻意义上来提问的。 唯有这样才能与原话对话。 这里所问的教师的灵魂是指教师的精神追求与价值倾向。

如果认为教师要成为人类灵魂的工程师必须有灵魂,那么这句话的前提是:教师是有灵魂的。 教师的灵魂是什么呢?

虽然,这句话是一句隐喻,但喻说现实世界。 面对现实,很难找到对这句话的支持,如果有也不充分。 对照一下,今天的教育现实,多数教师是没有灵魂的。 在他们那里,做教师只是一种谋生的手段,只是一种为稻粱谋的活路;在他们那里,有的只是对上级政策与意图的贯彻执行,对知识的机械或灵活的传播,对实用技能的培养。 培养人类灵魂的内容,比如道德,比如理想,比如真、善和美,都远离了教育教学。 即使在教育教学中有,这些内容也不再是独立的、崇高的,成为追求的和生活的,而大多是渗透的、夹杂的、附带的,并且是知识化的、量化的、可考量的、机械传授的。 那些意境的、审美的、道德的境界都没有。没有了灵魂的教育，也就没有了崇高和伟大。或许，我们不能指望教育是崇高和伟大的，教育毕竟也只是世间千千万万谋生的职业之一种，应该退去环绕在教育身上的虚光，让它回归平凡。教师都不传授和培养灵魂了，教师怎么能够成为人类灵魂的工程师呢？教师没有为天地立心，为往圣继绝学，为万世开太平的胸襟、境界与能力，所以，教师是不配被称为人类灵魂工程师的。

或许，有人会说：教师是人类灵魂的工程师并不一定要求教师有灵魂，没有灵魂一样可以成为人类灵魂的工程师，就如有人不会画画，但可以评画一样。如若如此，教师凭什么塑造人类的灵魂而成为人类灵魂的工程师？

其实，这涉及"教者是否应先有"的教育哲学问题。如果"教者应先有"，那么教师应该先有灵魂。教师自己都没有灵魂，都在现实世界里沦落，如何让他塑造人类的灵魂呢？如果"教者无也可教"，那么，他如何塑造灵魂呢？他能塑造出什么样的灵魂呢？他塑造的灵魂从哪里来呢？或许，那是社会的理想与追求，是人类的理想与追求。但是，教师能否把外在于己的东西给予他人呢？

教师只是一个引渡者，他并不具备塑造人类灵魂的能力，并不能成为人类灵魂的工程师。说教师是人类灵魂的工程师，这是对教师职业的抬举，甚至是一种欺骗。

或许，说教师是人类灵魂的工程师，并不是作为对现实教师的一种赞赏，而是对理想教师的一种期盼。在这种意义上来理解这句话更合适些。因此，再也不要把这句话理解为对教师的赞赏了，其实它是对现实生活中没有人类灵魂工程师的教师的一种变相批评。

教师：帮手抑或杀手

教师的职责是教书育人，帮助学生健康成长。一直以来，我们把教师看作学生成长过程中的摆渡人、促长者、帮助者，即学生的成长的帮手。教师也确实在学生的成长中起到了助长、帮手的作用。我们大多人，就是在教师的教育培养之下不断成长的。教师在教书育人上可谓功不可没，功莫大焉！

然而，我们还必须看到：教师在教育过程中对学生起到的并非全是促进、推动、帮助的作用。有时，有些教师，还成为学生成长的阻碍、成为学生成长的扼杀者，即成为学生成长的杀手。

教师会扼杀学生的学习兴趣，扼杀学生的学习信心，扼杀学生的天赋，甚至扼杀学生的整个未来。

这是危言耸听吗？

是的，这是危言耸听。没有哪一个教师会这样做，没有哪一个真正的教师会真心地扼杀学生。我相信，我们的教师们都是抱着一颗良善的心，真诚地在帮助我们的孩子们成长。

但是不得不遗憾地说，我们的教师，有时，确实在做着扼杀学生的事情。更可怕的是教师的这种扼杀是在自己不自觉的过程中进行的，是隐性进行的，甚至是在教师的良愿下推动实行的。

更可悲的是教师们放弃了对教育的独立思考，成为了某种社会力量的合谋者，屈服或屈从于社会现实力量，围绕着社会现实力量进行教育教学，并把这一切看做是天经地义。这时，教师的扼杀就被天经地义和光明正大所掩盖。教师会被自己所认为正确的充满"正义"的力量所激励，或者对自己被迫屈从于社会现实而寻找无力、无法、无奈的借口解脱。

那种社会现实力量是什么？是谁成为了这样的教师？明眼的教师已经

知道了，是考试对学生的要求，是那些整天围绕着考试转，整天围绕着分数转，整天围绕着短见的现实利益转的教师们。

他们错了吗？没有。如果没有分数，没有成绩，就会丧失学生的机会，就没有学生的未来。他们是对的，是为学生着想的。

但是，如果陷入"考试中心"、"分数主义"、"现实利益"，没有了教育的理想、没有了教育的追求、没有了学生成长的空间，没有了教育宽容、没有了因材施教，没有了许多许多，那么，教师就开始了扼杀，开始了大批的扼杀。

那种社会现实的力量是什么？是谁成为了那样的教师？明白的人可能已经知道，是那种模式化教育，是那种对人才模式化、规格化、类型化生产的教育体制。不知有多少教师认同这样的教育体制，我想可能没有多少人会认同，然而，却有许多人屈从于这样的教育体制，成为这样的教育体制的合谋者。

是谁成为了扼杀学生的教师？是那些专业发展上不求进取，只求混混日子就好了的教师；是那些课堂教学上不求变化、不求创新、不求质量的保守的、求稳的、不作为的教师。没有活水源头的教学、单调的教学、单一的教学、不思进取的教学必然扼杀学生的成长。

教师们当认真地思考：站在学生成长与成功彼岸之间的教师，到底起到了推动帮助的作用，还是阻碍扼杀的作用？

教师们当清醒地认识到：教育确实是一把双刃剑，它可以助长学生，也可以扼杀学生；教师可以成为学生成长的帮手，也可以成为学生成长的杀手。

教师们应当认清自己的行为，准确地、清醒地定位自己的教育行为，防止成为学生成长的杀手，真正成为学生成长的帮手。

第七辑

教育于世

说是熟悉,却也陌生。教育,当我们一天到晚把这两个字挂在嘴边时,是否考虑过教育的意义所在,是否考虑过教育对社会有什么影响。。

让高考更公平

有一次在和一个同学一起去上课的路上,经过一个建筑工地。我对同学说,如果考不上大学,今天我可能就是他们中的一员,我们就不可能成为同学,而是有着天壤之别的两个世界的人。同学说,别胡说了,你不会的。我说,如果考不上大学,很可能会的。

说这话是发自内心的。真的感谢高考改变了我的命运,不然我就成为一个农民或打工仔了。初中考完高中和高中一年级的暑假,我都做过建筑小工人,负责给大工从下面向上扔砖、提水泥等。那时,一天只挣五元钱或七元钱。手上的皮都磨得很薄、很透明了,能看到手指里面鲜红的肉。我来自沂蒙山区的农村,农村人寄托在孩子身上改变命运的唯一途径就是通过高考,跳出农门,离开世代耕耘的土地。那时,我和许多农民的孩子一样,在上学之余下地干活。大热天里钻在玉米地里拔草,出来时脸热得通红,两只胳膊被玉米叶唰出一道道血印子,火辣辣的。夏天在炙热的太阳的烘烤下在地里干活,身上的皮都晒暴了,后来蜕了一层皮。那种晒暴皮的滋味真是太难受了,火辣辣地痛还不能挠它、动它。天旱时,要挑水浇苗,幼小的肩头被扁担压得青肿。为了把家里的猪粪运到地里,要爬很长很陡的山坡,拉纤时纤绳深深地勒进肩头的肌肉里。每当劳动累得不行时,也是父母教育我们好好读书的时候。父母说,要种地继续尝这种滋味还是要读书上学,今后不再面朝黄土背朝天,你自己选择。

高考之前,我从来没有坐过公交车,虽然经常从村前的公路上看到来来往往的大客车,我从来没有出去过我们县城,我的活动范围只有那么方圆十几里。是高考改变了我的命运,让我从大山深处走出来,走到县城之外去看世界。真的感谢高考,幸亏有高考,我们这些贫苦人民的孩子才有机会改变命运。

　　1977年恢复的高考，曾经改变了许多人的命运。当然，也可以说，在一定程度上高考改变了这个国家的命运。直到今天，高考仍然在改变个人命运与国家命运中发挥着重要作用。后来，在经过大学的培养和教育之后，我开始学着用更为理性的方式去思考高考。

　　世纪之初，中华大地展开了新一轮的基础教育课程改革。2001年，我有幸来到课程改革的重镇华东师范大学继续深造，接触到了更多新课程改革的信息。2002年暑期，我在浙江省苍南县给中小学教师讲座时，讲到校本课程。讲座结束后，一个校长对我说：你讲的是很好，可是没有用，高考不考，谁也不会真正重视。他的话深深打动了我。高考不改革，课程改革真的很难进行，很难使基础教育发生实质性变化。高考已经成为基础教育课程改革的一个瓶颈。

　　关于高考改革的讨论可以说声音各异。其实，在就高考的众多讨论中，除了学术的争鸣，还有利益之争。高考的改革，会触动许多既得利益者的利益，会改变与影响一些群体的利益。面对利益谁都不想受到损失，谁都想多捞一点。对课程改革者，对高考改革者来说，他们确实挺难的。他们面临着很多两难的问题，动任何一方面都可能受到另一方面或更多方面的牵制。高考改革如若改革不好，甚至会影响社会稳定。许多问题不是那些容易、那么简单解决的。在没有找到更好的人才选拔方式前，应该说高考还是一种理想的社会选拔机制。高考促进了人才的流动，特别是下层人民的子弟向上层流动。高考的改革可能是在让它存在的前提下进行更为合理的、更为公平的改革。

　　应该说高考具有一定的公平性，它让每个人通过公平竞争来获得升入大学的机会。后来，我才认识到，其实现实的高考也并不是想象的那样公平。当然，有人会说，没有绝对的公平，那我们能不能尽量做到公平？

　　我曾经辅导过一个上海的高三男生。那孩子找了许多家庭教师，都不合适，其中还有从教多年经验丰富的退休教师。在高考前一个月找到我了。开始说是辅导语文，孩子的家长感到我辅导得好，又让我辅导英语。那孩子的语文不着边际，英语一塌糊涂。我只给他辅导了6次。结果，那孩子考上大学了，而且还是本科。听到这个消息，我当然很高兴，毕竟辅导过他，同时，我也感到很不公平。为什么？要在其他地方，这样的孩子绝对考不上大学，连大学的边也沾不上。但他，一个上海孩子，竟然就考了本科。想当年，我们费了多少力气才考上大学啊。他凭什么就这么容易地考上了？不要说我嫉妒人家，而是我真切地感受到了高考的不公平。这不是那个孩子的错，而是高考制度出了问题。因为他是上海孩子，因为上海的高考分数线和上海的高考录取与其他地方不一样，他就可以考上大学，而且是本科。这个孩子的成绩比外地有些地方的录取成绩差着近百分呢。不要说这么多分数，就是1分，让多少人名落孙山啊！外地的孩子要费多大的力气才能比他们多考上那几十分，甚至上百分啊！不公平！这是高考的绝对的不公平！

有人说，全国各地的教育资源、教育水平不一样，用全国统考的方式，要么对那些贫穷落后地区的孩子不公平，要么对发达地区的孩子不公平。因此，实行各省或直辖市自主命题。这看似公平了，其实这里面也不是没有问题。

某年，山东青岛的两个学生参加全国高考统考。他（她）们虽然考得比其他省份的学生分数高，却因各地分数线不一样而不能上大学。为此，他们还与有关部门打起了官司。后来，某特殊地区就自主考试自主划线了。你不是说统考我们分数比你们低吗？现在，我们是特殊地区，我们自主命题，自主划线，不与你们一样。行了吧，没有得说了吧。分数还是比你们低。但不是同样的试卷，没有可比性了，没得说了吧。

可见，各自主命题，各自划线也有问题。所以，就有许多人想尽办法向高考分数低、录取容易的地方进行"高考移民"。"高考移民"现象的存在，说明高考不公平的存在。

虽然，高考在今天严格的监督下，更趋于公平。但高考中的"黑洞"、"漏洞"仍然存在，比如"加分"，有权、有钱的人仍然可以通过"操作"，使自己的子弟上好的大学。如果说前面的地区间差异造成的高考不公平是制度性的，那么这些高考"黑洞"的存在，就是权势性的、利益性。如果说前者是合理的不公平，那么后者就是非法的不公平。但这种非法的不公平，有时成为一种隐蔽性很深的"潜规则"，深深地伤害了那些无辜的受害者。如何尽最大可能的消除高考招生中的"黑洞"，成为维护高考公平的重要任务。

是的，我们不可能希望存在没有问题的高考，不可能期望有绝对的公平。但是，我们呼吁要争取维护最大可能公平的高考，让高考在最大可能的维护社会公平的基础上，进行人才选拔和培养。

条条大路通罗马。三百六十行，行行出状元。不通过高考，许多人在社会上也过得很好。但在一个学历化社会，没有正规的学历、文凭，甚至没有名校的学历、文凭，仍然是很难进入上层社会的。在当今社会，高考仍然许多人必经的门槛。在终身教育社会来临的时代，有必要建立教育的高架立交桥，改革高考的考核内容与考核方式，让各种类型的人，各种特长的人，各式各样的教育之间互相联系，条条大路都行得通。

高考制度的存在不是独立的，它与其他制度，其他社会问题相互联系在一起。比如，今天考得上学，上不起学的大有人在，这与大学制度改革就有联系了。再如，大家之所以看重高考，就是因为高考是许多人改变命运唯一的途径。如果让考不上大学的人也有很好的出路，那么，高考的压力可能就会小很多。因此，要通过改革高考自身和进行其他方面的配套改革来缓解高考的压力。我们相信，办法总是有的。随着社会的发展，高考应该会有一个更好的归宿。

教育,为何如此压抑

教育是要解放人,还是压抑人?

教育本该是解放人的事业,教育应该让学生有如沐春风的感觉,让学生热爱学习知识,热爱知识,也热爱知识的载体——书本。但现行的教育为了应对高考,逐渐走向对人的压抑与异化。学生高考后撕书,让我们看到教育对学子压抑后的爆发。

《燕赵都市网》发表了《高考后撕书太疯狂了》的文章,文章说:①

高考结束了,那些从考场上下来的孩子们可谓表情各异:或喜或悲,或歌或哭,或疯或颠……

而下面的几张图片格外令人心寒:书撕得像雪片飞舞——是表达从此脱离苦海的喜悦,还是久经折磨的愤怒?是对知识的亵渎,还是对教育制度的控诉?

一个不尊重知识的民族是没有希望的民族,是什么让我们的学生对所谓的"知识"如此憎恨,如此蔑视?

因为"知识"这一名词已经沦为一批人奴役我们子孙后代,巧取豪夺的利益工具!

高考后撕书,应该说并不是最近才有的事情,前几年也有相关的报道。记得当年笔者高考前曾有同学说高考过后把学习书、复习书等都烧掉。高考结束后,并没看见有人真的这样做。我的学习用书作为一段曾经的经历给予了保留。现在看到"壮烈"的撕书场面,我感到很震惊,可谓触目惊心。

当撕书变成了高考后的一种"群体狂欢",作为一种情感发泄抑或高考

---

① 《高考后撕书太疯狂了》,载燕赵都市网 www.yzdsb.com.cn,2010-06-11。

结束的庆祝仪式，它在宣布高考结束的同时，也在宣布教育的失败。高考后撕书，撕的不是书，而是教育。

当学生们撕书时，我们可以判断，教育并没有完全成功，即使学生们能够考上大学，即使学校的升学率很高，我们的教育也是失败的，或者说部分失败的，它没有给予学生愉快的学习过程，没有给予学生舒展的心情体验。学生们撕书，在一定程度上表明教育走向了教育的反面，教育成为异化人的手段，而不是丰富人、发展人、完善人的方式。美好的教育变为应试教育的手段与工具时，教育必然被工具化，必然对教育中的人（教师与学生，校长与家长）进行挤压。

有人说，"撕书"比"撕人"好，这简直是一种暴力思维。什么也不撕，对书充满珍爱的感情才好。高考后就撕书，其实是一种"过河拆桥"的思维，这种思维对学生的人格成长会产生负面影响，在一定程度上会导致学生的功利化思维。

其实，教育给人的压抑，不仅是对学生的压抑，对教师的压抑也是很厉害的。

心态问题就是很重要。转眼当教书匠已经十多年了，真快！而我们的教育却越来越不像样。所有的学生都厌学！很多都是不愿意学而家长逼着学。怎么办？我们的孩子怎么办？也要上这样的学吗？谁都不希望。可是谁来解决呢？素质教育的春风只刮了一年。唉！心态。还得要自己转变心态来逢迎这样的教育。谁来拯救一下现在的高中生？谁来拯救一下现在的高中老师？我们能自救吗？

这是我的一个大学同学在校友录上的留言。这是一个教师内心最真实、最急切的呐喊。看了这让人心酸的留言，心里真不是个滋味，不仅因为这是我同学的遭遇，而且我想这也是许多教师的遭遇。

对学生的高要求，高考的激烈竞争，学生逃脱不掉，教师也逃脱不掉。

面对高考后撕书的"壮烈"场面，教育界反思了吗？我们的教育专家们反思了吗？教师反思了吗？国家教育行政部门反思了吗？我们的教育怎么能够如此压抑人？既压抑人的肉体，又压抑人的精神。我们应该好好思考如何让学生们、教师们去苦得乐，体会到学习的快乐、教育的幸福？

　　学生高考后撕书现象不完全是教育的原因，更有社会体制与社会现实的原因。残酷的高考竞争，使得学生们不得不加班加点学习，使得教师们、校长们、家长们不得不逼迫孩子们加班加点学习。作为支撑孩子发展的教育，成为挤压学生生存空间的暴力。为了考试，为了高考，孩子们的业余时间被占有，甚至没有业余时间，他们的情绪与情感得不到正常的抒发。不断的压抑，在高考结束后，集中爆发。这种爆发其实是一种可怕的现象。这种不良的情绪如果不是以这样的方式发泄出来，真的可能会转移，会以其他方式发泄出来。我们必须行动起来，为消灭这种现象，为改变教育的现状而做些事情。

　　这不仅是教育界的事业，光靠教育界的力量是无法完成的，还需要全社会的力量来推动教育的改革与发展。

　　社会、政府应该为进一步的教育改革而努力；家长们应该为孩子提供更大的生活空间；教师们别变为应试教育的"帮凶"，应多一些研究、多一些专业化，多一些教育手段与方法。

　　我的同学问："我们能自救吗？"我们可以采取悲观的态度，也可以采取乐观的态度。我想还是采取一些乐观的态度吧！作为教师，让我们从自身做起，一点一点改变自己的生存状况吧。教育本身就是塑造人、改变社会的事业。

　　为了构建学生快乐成长、教师幸福从教，而做些实实在在的事情吧！

教师凭什么爱学生

一直以来，教育著作和教师培训者们都在教育教师或未来的教师要热爱学生。他们认为热爱学生是做好教育工作的基本前提。教育是爱的事业，要用爱教会学生爱。一直以来，我也很相信这样的教诲。但现在，我想问：教师凭什么爱学生？

爱是有条件的，不是无条件的。爱是有基础的，不是无基础的。伟人早就教导我们，世上没有无缘无故的爱，也没有无缘无故的恨。爱应该是有缘有故的。教师对学生爱的缘故是什么呢？仅仅是只有热爱学生才能教好学生吗？当我们用这样理由去说服自己，使自己认同时，可能是很容易的。但是，这样的理由也是非常空洞的。把爱建立在空洞的、苍白的理念上，是不可靠的。把教师对学生的爱抽象为一种普适性的原理或原则，要求所有的教师都遵循这样的一种原理或原则时，这样的爱势必被架空。

爱是发自内心的、真心诚意的情感。爱不能强迫。强迫教师爱学生只会造成更加虚假的爱。有时，教师不爱学生可能是一种更加真实的情感状态。现代的教育观不允许教师有这种状态，也不允许教师把这种状态表现出来。

爱是一种情感，是一种不断变化的情感，不存在永恒不变的爱。用一种恒定的爱、静止的爱要求教师去爱学生是不可能的。教师对学生的爱既然是变化的，那么也就不能要求教师始终如一地去爱学生。这种要求是不合情理的。

要求所有的教师都无条件地爱学生是不道德的。

教师对学生的爱是具体的，真实的，而不是空洞的、虚假的。教师对学生的爱是有区别的。可能他（她）会爱大部分学生，而不爱少数学生。他对大部分学生的爱各有原因，他对少数学生的不爱也各有原因。教师对学生的爱是建立在学生的表现的基础上的，是建立在师生互动的基础上的，而不是仅仅凭一厢情愿的热情就可以造就的。

师生互动会产生正反两方面的效果，可能使教师爱起学生来，也可能使教师爱不起来。如果学生让教师爱不起来，怎么办？这才是我们真正要思考和要解决的问题。

那些教导教师要爱学生的言说与教诲在一定程度上可能就是要解决这个问题。我们已经说过，这样的不加分辨的教诲是靠不住的，必须思考新的解决问题的办法。

现代教育必须重新思考传统意义上提出来的教师爱学生的问题，要给教师爱的理由，要给教师不爱学生的空间与余地，要重新理解和建构师生关系。

谈学生社会化教育

　　一个人的人生经历大都由家庭—学校—社会三个阶段构成。 由学校而社会的过渡是学生在校时期和踏入社会的初期完成的。 学校教育的最终目的是向社会输送合格的社会人,因此学校在使学生增长知识,获得能力的同时,还应该使学生受到和得到社会化教育。

　　对学生进行社会化教育具有重要的意义。

　　一是学生尽快成长成熟的需要。 学生成长成熟的最终标准是社会标准而不是学校标准。 学校对学生进行社会化教育是加快学生成长成熟的催化剂,可以帮助学生尽快成长成熟。 当然这种催化是符合学生身心发展的。我们绝不要培养"少年老成"的人。

　　二是适应社会对学生的要求。 社会对人才的要求应该说是苛刻的,是成熟的。 社会需要的是业已成熟或即将成熟的能独当一面的人才,是高度社会化了的人才,这是社会对学生提出的要求。 学校只有适应这一要求,对学生进行社会化教育,培养出社会化的人才,才能满足社会对学生的要求。

　　三是时代发展的必然趋势。 时代飞速发展,生活日新月异,激烈的社会竞争已使得成熟的人才应接不暇,何况涉世不深的学生呢? 学生社会化也应该包括时代化。 学生适应了时代变化的社会,才能成为真正的时代人、社会人、自然社会人。

　　四是解决学校教育中存在的一些问题。 现在学校里独生子女多、学生自理能力差等问题已是不争的事实。 高年级的学生还有为丢东西或两人吵架而去找老师的现象,这都不是正常现象。 当有学生听到在学校要进行社会化转变时,很惊讶地说:"从来没有人告诉我要向社会化转变。"这难道不值得我们深思吗? 有些学生对社会现象很不理解,有时甚至抱着非常偏激的观念，甚至由此造成一些学生的心理疾病或对社会的种种偏见，有的甚至生活在一种对社会的恐惧阴影笼罩之下，有些学生则对走向社会怀有一种迷茫，这些都是学生社会化教育不够的表现。造成这些现象和问题的原因是多方面的，但学生对社会了解太少，适应社会的能力太差，学校对学生的社会化教育不够，是一个不可忽视的原因。为满足以上需求，解决上述问题，学校必须对学生进行社会化教育。

让学生社会化与让他们成为社会人不是同一个概念，因为学生毕竟还有其作为学生的特性。所谓学生社会化主要是指学生在校学习期间在思想观念上能够对社会有充分的了解和认识，在言行上能够基本与社会接轨。对学生进行社会化教育的根本目的就是锻炼他们独立处理事务的能力，适应社会的能力。函授学生组成的集体在处理问题、处理人际关系等方面的方式与一般学生有着非常大的区别。原因之一就是他们是由"自然社会人"组成的，他们是按社会的方式方法来处事，而不是按书本上或学校里的。

学生社会化教育的途径应该是广泛的。

首先，要有教育者理论和意识上的指引。这里所说的指引绝不是仅仅让学生学习社会学或时事政治等理论或课程，而是结合社会实际让学生明白和了解社会、广泛接触社会。虽然学校每学期都组织学生进行社会调查等活动，但只有这一方面的努力是不够的。让学生社会化的意识应该是全体教育者的意识，应该渗透在学生的学习活动之中。对学生进行社会化教育，包括一些丑和恶的东西，并不是对净土的玷污，而是使净土上培育出来的苗子在社会上更强壮，使学生更趋于教育培养社会人的目的。

其次，要让学生在日常事务中锻炼社会适应能力。通过有组织或无组织的活动，使学生在班集体、学生会、老乡会、爱好者协会等团体中不断碰撞，从而了解他人，了解社会，学会独立处理事务的能力。

再次，学生社会化教育的内容和途径不仅仅是让学生多了解社会，多接触社会，还应该包括对学生所学课程和内容的改革。学生在学校所学内容与走向社会所用内容的脱节，学不能致用，是造成学生社会适应能力差的一个重要原因。只有改变这种现状，才能从根本上解决学生的社会化问题。

情感与性格维系的教育能走多远

张艺谋导演的电影《一个都不能少》，刻画了代课教师魏敏芝的形象，给人留下了深刻印象。魏敏芝为了寻找辍学的学生在大都市里吃了不少苦头，最终实现了"一个都不能少"的诺言。魏敏芝为什么费那么多周折去寻找一个辍学的学生呢？为了中国的教育事业？为了受人之托的责任？还是为了其他？在我看来，她之所以这样做是性格使然，是她倔强的性格支撑着她一定要找到这个辍学的学生。

张艺谋通过影片向我们传递了一种教育理念：在国民受教育这一问题上应该是"一个都不能少"。这种理念应该说是十分到位的，但现实中我们根本做不到，魏敏芝这一个案中做到了，但在全国范围内呢？其实，即使在魏敏芝身上我们也看不到任何希望。支撑她找到学生的倔强性格其实并不值得提倡。这种倔强的性格与贫穷落后是有某种关联的。在贫穷落后地区性格倔强的人比城市里要多得多。就教育而言，有这样一种韧性是好的，但光有这种韧性是不够的。在魏敏芝身上我们很难看到她对学生发自内心的理性之爱，也很难看到她对教育执著的理性认识。一言以蔽之，她的所作所为只是性格使然。当然，我们也不能对她责备求全，她只是个代课教师而已，她也还只是个孩子。

杨亚洲导演的《美丽的大脚》塑造了张美丽、夏雨两位教师形象。这部作品在人物塑造上是非常人性化的，它没有用贴标签的方法来描述教师形象，两位教师给人留下的印象也是深刻的。但从片中我们仍然看不到贫穷地区教育的希望。张美丽这个人物可圈可点之处还是非常多的，她认识到愚昧无知的害处，而且可以说认识得太深刻了，因为她的丈夫因愚昧无知犯法被枪毙了。但她做教师并不仅仅是因为这种认识，更主要的是她失去了自己的孩子。在无夫无子的情况下，她才主动组织起了一所小学。应该说，她的这种觉悟还是非常高的，但她的"办学"是在一种个人情感驱使下进行的，可以说教其他的孩子是为了弥补自己的爱子情感。她的这种个人行为对社会是有益的，但是，从社会的角度来看，仅有这种自发的办学是不够的。教育仅仅靠个人来支撑是不行的。张美丽也有离开那个贫穷地方的机会，到北京时，夏雨说已为她找好了一份工作。但她还是选择了回去，因为她舍不得那些孩子们。这里绝没有要高歌张美丽伟大的感觉，而是让人感到这是人之常情，还是情感在维系教育。当张美丽因车祸去世后，教育的弦就断了。

去当志愿者的夏雨，倒是给了我们一点希望，但这点希望也很快破灭了。这位来因不明的志愿者，在经过一段时间生活后，还是回到了北京，并说今后再也不会到她志愿教书的地方去了。影片的结尾没有告诉我们她是否会在张美丽去世后留下教书，虽然她可能已经离婚。影片留给我们的正是一种思考，即使她去教书又能怎么样呢？又是一个张美丽而已——用情感维系着教育。贫穷地区的教育是靠志愿者来完成的吗？虽然有志愿者比没有强一些。但这终究不是长久之法、根本之计。要是再没有了夏雨呢？就如希望工程让人看不到希望一样，志愿者也一样让人看不到希望。

在魏敏芝与张美丽身上，我们都看不到中国贫穷地区教育的希望。在魏敏芝身上我们看到是性格在维系着教育，在张美丽身上是情感在维系着教育。教育确实需要性格与情感，但是光有这两种东西却还不足以维系整个教育正常的、健康的、完全的发展。教育还需要教师拥有丰富的知识，各种相应的教学能力，等等。就教师素养而言，无论魏敏芝还是张美丽在作为现代教育所需要的教师资格上都是不够的。魏敏芝的教学不得法，歌也唱不全；张美丽把千里迢迢，读成千里"召召"，不懂外语，等等。教师的素质严重影响了教育质量。在一个连教师都找不到的地方，是无法责全教师素质的。教育的维系与发展除了需要高素质的教师，还需要现代化的教学设备、需要社会的关注与支持，需要很多很多。这些如何来解决？

影片在塑造人物形象让我们进行艺术享受的同时，能揭示现实问题让我们思索，已经做得足够了，接下来要做的是，我们这个社会应该怎样对待教育。 贫穷地区的教育难道就该这样？ 谁来管中国贫穷地区的教育？ 答案是不言自明的。 对一个国家来说，教育是国家的事，是政府的事，只有国家政府真正接手，贫穷地区的教育才会有根本的转变，光靠个人的自发或自觉行为、靠志愿者、靠别人"捐赠"的"希望"是不可能真正解决贫穷地区教育问题的。

"再穷不能穷教育，再苦不能苦孩子。"希望如此！

教育的"骗"与"混"

有人说现在的学校教育,特别是函授、电大、夜大教育是"一群混子加一群骗子"。教师机构和教师是骗子,骗学生的钱财。学生则是混子,混张文凭,混张向社会上升的通行证。因为是骗子和混子,所以大家都不用负责任,大家各取所需,两相满意,皆大欢喜。反正,双方都心知肚明,各自窃笑就是了。教育成为一种披着神圣外衣的欺骗事业,教师成为披着太阳底下最光辉事业的骗子。

都说人才重要,教育重要,其实,利益最被某些人看得重要,那些看得见的、到每个人手中的利益最被短见的人看重。教育就是一块肥大的蛋糕,教育者和学生都在从这个蛋糕里获取自己的所需。混子所混的不仅仅是文凭,而是混了整个的教育风气、社会风气。骗子所骗的不仅仅是钱财而是一个国家和民族的前途和命运。

其实,在整个社会大系统中,教育是很容易被搁置在一边的,因为教育的效果总是"慢显"的、"潜显"的。教育的危害也是"慢显"的、"潜显"的。教育的"慢性子"决定了它在社会中难以带来立竿见影的效果,导致了它在社会系统中的被搁置,难以引起足够的重视,即便重视也只是一时的,或现实的。对教育一时的或现实的重视只会损害教育,对教育必须从长远的眼光来着眼,来谋划。

被现实的钱财利益所左右的教育,而不是被个人发展和国家发展的利益所左右的教育注定是没有希望的。

教育惩罚是否合法

一、由教师"谈惩色变"说起

在以前，不论是家长还是教师都可以对孩子或学生进行惩罚。那时的惩罚是基于"棍棒之下出孝子"和"不打不成才"等观念，由于没有相关法律制度的约束，惩罚的自由度较大。随着法律制度的完善、教育观念和教育手段方式的转变，特别是"赏识教育"、"愉快教育"等的兴起，现在已经很少使用惩罚性手段。不知从何时起教师越来越不敢惩罚学生了，甚至有人达到"谈惩色变"的程度。为什么会出现这种情况呢？

1. 学生出格行为的影响

现在的学生大多是独生子女，一些家长把孩子娇惯得不行。对这样的孩子只能说好，不能说不好。有时教师批评两句，学生动不动就离家出走，甚至有学生想不开还要自杀。学生的承受能力太差，以致做出一些本不至于出现的出格事情。这就使得许多教师在批评学生时都慎之又慎，更何况更严厉的惩罚呢？

2. 社会舆论压力的增大

一段时期以来，新闻媒体对严重体罚、变相体罚学生的不当事件曝光力度较大。这引起教育行政部门、学校、教师的极大反响。有些教育行政部门出台了相关制度对教师的惩罚权加以约束，一些学校告诫教师，"安全第一（不出教育事故），教学第二"。这给教师行使惩罚权带来巨大压力。一些家长护内护得厉害，老师批评或惩罚学生他们往往首先跳出来反对，动不动还要挟起诉或真的起诉。面对来自社会、家长、学校等方面的压力，教师哪里还敢惩罚学生，不出事就万事大吉了，真出了事，吃不了兜着走，不如做个老好人。结果是教师放弃自己手中的惩罚权,当学生犯错误时不管不问,任其自由。

3. 赏识教育的过度

当今教育界从"师道尊严"的极端走到"赏识教育"的另一个极端。现在赏识教育成为教育的主流。有些教育专家告诉教师要"尽可能多地表扬学","只表扬不批评","好学生是夸出来的"。于是,教师在课堂回答不敢触及"错"字,批改作业尽量少用"×"字,评语不敢写上"不"字,唯恐自己担负起扼杀"瓦特"、摧残"爱迪生"的罪名。甚至有人提出"教育,拒绝惩罚"的观点。教育内部的这种认识也给教师增加了心理压力。有的教师惩罚学生不当是教师的过错,但给人的感觉好像只要教师惩罚学生就是教师的过错,这就不对了。甚至有些人认为教师惩罚学生是教师无能的表现,这更给教师增加了压力。

4. 法律不明,教师难行

一些法律或文件对学生的体罚和变相体罚作出了明令禁止,而对教师的惩罚权未予以明确,这就给人造成一种惩罚学生违法的印象。体罚还好理解,什么是变相体罚?体罚之外的所有惩罚都可被有些人认为是变相体罚。这样一来,有些教师即使想惩罚学生,也要先想想法律了。

在这样的情况下,我们要问:教师有没有惩罚权?如果有,教师的惩罚权合法不合法?

二、法律与教育惩罚

《教育法》、《未成年人保护法》、《教师职业道德规范》等文件对教师对学生的体罚和变相体罚作出了明令禁止。如《未成年人保护法》规定,"学校、幼儿园的教职员应当尊重未成年人的人格尊严,不得对未成年学生和儿童实施体罚、变相体罚或者其他侮辱人格尊严的行为"。

1. 法与理的冲突

法律不允许体罚或变相体罚学生,是为了防止有人滥用手中权力对学生造成人身伤害、人格污辱等。但这样一来就把所有有效的体罚或变相体罚的教育方式给禁止了，而事实上体罚对有些人可能还真是有效的教育方式。心理学的研究表明：当孩子犯错误时，内心也有一种接受惩罚的准备，为自己的愧疚承担责任，能够取得心理平衡。如果能够抓住这样的教育契机，施以恰当的惩罚让学生明白道理，可能会使他刻骨铭心。理应惩罚、理应体罚，法律却不允许这样做。这样一来，法不合理，理难容法的局面就出现了。虽然，体罚有效的机率可能极小，但在法与理上还是出现了冲突。合理的不合法，合法的不尽合理。为了解决法律与事理之间的这种冲突，法律应该给予合理的惩罚以适当的权力。

2. 法容惩罚

决不要把惩罚理解为体罚，把惩罚等同于体罚。惩罚的概念远比体罚的概念大，禁止体罚和变相体罚并不等于禁止惩罚，教师仍然可以运用其他方式对犯错学生进行惩罚。根据惩罚的实施可以分为教育性惩罚与强迫性惩罚。教育性惩罚以教育批评、劝诫等为主，强迫性惩罚则施以强迫性力量对其进行惩罚。强迫性惩罚可分为体罚、物质性惩罚和精神性惩罚三种。体罚是一种触及皮肉或伤其筋骨的处罚办法，如打耳光、打屁股、不给饭吃、捅拳头、罚站、罚跪等。物质性惩罚是指实物和金钱的处罚，如罚款、没收实物、要求赔偿等。精神性惩罚指进行精神性的处罚或控制，如对犯错误者给予批评、通报、褫夺某种荣誉、警告、严重警告、记过、开除等处分。在教育中我们提倡教育性惩罚，在迫不得已时才对犯错误者实施强迫性惩罚。而在实施强迫性惩罚时，首先要避免法律所不允许的体罚和变相体罚。物质性惩罚与精神性惩罚要根据情况而选择。

既然如此，除了体罚和变相体罚之外，只要不伤及学生的其他权利，教育仍然可以行使手中的惩罚权，而且可以理解为这些权利是被我国现行法律所默许的。所以，我们可以大胆地说：正当的教育惩罚是不违法的。但不违法不等于合法，惩罚要不要合法？

三、惩罚权是教师的基本权力之一

要讨论惩罚要不要合法,可以先来看一下惩罚权。惩罚权来源于教师的育人权力,它是维持教育教学活动的正常秩序,保证教育教学活动正常开展的合法权利。马卡连柯明确指出:"凡是需要惩罚的地方,教师就没有权利不惩罚,在必须惩罚的情况下,惩罚不仅是一种权力,而且是一种义务。""如果教师的良心、教师的熟练技术和教师的信念说明他应该使用处罚时,他就没有权利拒绝使用惩罚。"笔者赞同马卡连柯的观点。从当罚必罚的角度来看,教育惩罚不仅是合理的而且是必要的、必需的。

教师惩罚权的放弃就是对自己一部分职责的放弃,对自己教育权的放弃。当罚不罚,是教师的失职,是教师不作为的表现。可见,惩罚合法化不仅仅是法律赋权的问题,更是合理权力合法化的问题,同时它对教师教育权力行使起着保护、约束与监督作用。

教育惩罚的问题不仅仅是一个法律问题,还涉及教师的教育水平、职业道德的问题。我们可以认为:惩罚权是教师的法定权力,如何惩罚,即惩罚的方式,则涉及教师的专业水平、道德水平的问题。专业水平高的教师能够运用巧妙的方式来惩罚学生,专业水平差的教师则可能用笨拙的方式来惩罚。当然在惩罚问题上,还可能涉及教师的道德问题。不道德的教师往往会以权谋私,惩罚不当;而有道德水平低的教师则可能"好心办差事",也会出现惩罚不当的问题。

在教育惩罚问题上,法律问题、专业问题与道德问题应该分开来看。对法律来说应该赋权的就要给予赋权。正是因为惩罚权是教育的基本权力之一,所以这种权力应当受到法律的保护。当然,为了防止不当惩罚的出现,惩罚权也应当受到适当的限制,但限制里面还应该允许合理成分的出现。在惩罚问题上,法律应该给教育惩罚以适当的自由裁量权。

四、惩罚可以合法化

鉴于目前教师不敢行使惩罚权而且对教师惩罚有歧义的情况下，笔者以为有必要让惩罚合法化。这在理论上和实践上也应该是说得通的。

前苏联大教育家马卡连柯认为："合理的惩罚制度不仅是合法的，也是必要的。合理的惩罚制度有助于形成学生坚强的性格，能培养学生抵抗诱惑和战胜诱惑的能力。"

在一些国家体罚是合法的。韩国教育人力资源部在 2002 年 6 月公布了一项方案："对违反学校纪律的学生，教师可给一定程度的体罚"，明确规定了体罚的对象（小学四年级以上的学生）、程度和方式。可进行体罚的情况包括不听教师反复训诫和指导、无端孤立同学、学习态度不端正和超过学校规定的罚分等。同时，也作了一些限制性的规定：实施体罚的场所要避开其他学生，在有校监和生活指导教师在场的情况下进行。实施体罚之前，要向学生讲清理由，并观察学生的身体精神状况，必要时可延期进行。方案对实施体罚的工具、体罚部位、体罚力度等也有具体规定。对小学生和初中生，体罚的工具只能使用直径 0.01 米、长度不超过 0.5 米的木棍，而绝对不能用手或脚直接打学生。对体罚部位，男生只能打臀部，女生只能打大腿。初中、高中学生挨打不能超过 10 下，小学生挨打不能超 5 下，并且都不得在学生的身上留下伤痕。此外，受罚学生有提出以其他方式代替处罚的权利（如校内义务劳动）。

黄全愈在《素质教育在美国》一书中写道："说起美国中小学的惩罚教育，其历史也曾很'辉煌'过。在美国，家长打孩子是不合法的，孩子可以打电话给警察，警察可视情况决定是否带走家长。但是在美国的不少州，学校体罚学生却是合法的，老师'适当'地打学生，也是允许的。"

在国外，体罚尚且允许，被合法化，那么我们把惩罚合法化又有何不可呢？

在不得体罚和变相体罚的法律约束下，在赏识教育的影响下，在社会舆论的压力下，许多教师已经放弃了惩罚权、不知道如何行使惩罚权了。惩罚合法化主要是考虑教师教育权的行使问题，但惩罚合法化的目的是保护教师和学生双方的权益。惩罚合法化才能使教师理直气壮地、合法有度地进行惩罚；同时，也使学生受到的惩罚有法律的保护，不致伤害其应有权益。正是基于以上考虑，我们说：教育惩罚应该合法化。这里所谓教育惩罚合法化就是让法律对教育惩罚作出更明确的表态，更细致的规定。

惩罚是一把双刃剑，有积极的一面，也有负作用的一面。我们应该用其利而避其弊，不应当以其有弊而弃其之利。惩罚权是教师的育人权之一种，是教师的基本权力之一。教育不仅不能拒绝惩罚、放弃惩罚而且应该把惩罚合法化，为了教师正当的行使自己的育人权，也为了使犯错误的孩子更好地成长。

直面网络游戏

孩子沉迷网络游戏已经成为许多家长和教师头痛的问题。沉迷于网络游戏的孩子不在少数，因网络游戏而引发的孩子视力下降、学业成绩下降、身体素质下降、心理问题、性格问题等已经不少，甚至因过度玩游戏而导致死亡和自杀的例子也有所报道。网上对网络游戏的声讨已是叫声一片。我去问老师们对孩子玩网络游戏的看法，一个老师说"打呆了"，另一个说"打废了"，还有一个说"有些孩子根本没得救了"。从教师嘴里听到这些话语让我震惊。网络游戏真的这么可怕？网络游戏，怎么了？

一、网络游戏：一场无形的战争

面对现实，我们不得不思考网络游戏会给孩子和社会带来什么了。网络游戏的存在对教育和社会提出了新的挑战，教育和社会必须面对这个挑战。网络游戏的背后，是一场无形的战争，是一场没有硝烟的战争，而且是一场真正的旷日持久的战争。

（一）网络游戏是现实世界与虚拟世界的战争

虚拟世界以其变化多姿的形象吸引着孩子把更多的时间和精力投入其中，而现实世界的渐进变化却很难引起孩子们的注意。对虚拟世界的热爱会导致孩子对现实世界的冷漠与无情。他会觉得现实世界没有意思，只有在网络游戏的虚拟世界里才能找到归属感。正是这种虚假的归属感让孩子深陷其中，在网络游戏的虚拟世界里安了家，而不愿回到那个现实的家。

现实世界里不能满足孩子的东西，虚拟世界里可以，在这里可完成孩子们的英雄梦、王子梦、公主梦，等等。网络游戏可以使孩子获得身心的愉悦，获得在现实生活中所没有的成就感和荣誉感。在这里，他们获得了主动权、自主权，他们掌握和操纵了游戏世界，许多孩子在虚拟的空间里，找到了自信，找到了自我。同样，也有许多孩子在游戏的世界里忘记了现实世界中的自我。

让孩子接受现实世界，热爱现实世界十分必要。如何把孩子从虚拟世界里唤醒，让他们重新回到现实世界、回归真实的自我；如何让孩子认识现实的世界，热爱现实的世界，促进孩子的社会化发展是教育者们努力的方向，也是一项长期而艰巨的任务。

让孩子从虚拟世界里、从网吧里走出来，去享受外面和煦的阳光，回到温暖的家，就要让他们感受到现实生活更多的关注和爱护，让更有意义和更有价值的东西去充实他们的心灵。虚拟世界与现实世界的战争是争取孩子心灵的战争。

（二）网络游戏是一时之乐与长远发展的战争

千万不要小看游戏。游戏事小，发展事大。网络游戏的新鲜刺激，可以满足孩子一时的感官快乐，却不能解决孩子长远的生计和发展。

古人云：玩物丧志。孩子沉迷于游戏之中就会"乐不思学"、"乐不思责"、"乐不思进"、"乐不思家"、"乐不思己"……游戏具有迷药的效果，游戏使人成瘾，它使得游戏者与赌徒无异。对网络游戏的成瘾与吸毒无异，无异于一种慢性自杀，浪费时间就是浪费生命。对那些网游成瘾的孩子来说，如果不加以正确的教育和引导，那么网络游戏就可能成为他们的一条不归之路。这条路不是一失足成千古恨，而是如温水里的青蛙一样慢慢被消耗尽的。

沉迷于网络游戏的孩子是危险的。这种危险是对他自己的，他会遗弃发展的机会；也是对社会的，他可能会给社会造成一些潜在的或现实的危害。贻误发展是网络游戏带给孩子最大的危害。家长可以为孩子玩网络游戏买单，但没有人能为孩子的前途买单。

网络游戏事关教育大计、事关国家发展。它不仅仅是商家与教育者之间的斗争，也是整个国家所面临的一场战争。有网民说：网络游戏毁了中国。

如果任其发展，中华民族到几十年后就只能出些只会玩游戏的低能儿了。这话难道是危言耸听？孩子是国家的未来和希望，如果网络游戏毁了孩子，也就毁了国家的未来和希望。这样的逻辑可能太简单，但不论怎样，用长远眼光看待网络游戏给孩子个人和国家社会带来的影响是值得肯定的。如果看不到这种影响，也就认识不到它的危害，也就不能对目前的现状采取足够的措施。

（三）网络游戏是传统游戏价值观与网络游戏价值观的战争

长时间地玩网络游戏，不仅仅对孩子的身体造成诸多不良影响，更重要的是它让孩子生活在虚拟世界里，游戏里的价值观会给孩子以潜移默化的影响。妖魔鬼怪、打斗厮杀、血腥暴力、夺宝争地、美女情色、追求刺激是许多网络游戏的重要元素，这些东西无不在悄悄地影响着孩子们的精神成长。

与传统的游戏相比，网络游戏有着诸多的不足。传统游戏以娱乐为主要目的，网络游戏以累积加分、晋升级别等为主要目的，追求的是统治权、集中权。传统游戏多是群体游戏，儿童在合作中成长；网络游戏往往是单兵作战，单打独斗，尽显个人英雄主义。传统游戏具有更多的开放性，网络游戏则具有更多的封闭性。它在设定的程序和范围内活动，游戏者是在游戏设计者的操纵下游戏。游戏者不能制定或改变游戏规则，是在工具理性的操纵下被操纵，同时自己成为游戏工具操纵者。操纵与控制成为网络游戏的主要特征。当我们操纵一种工具的时候也被那种工具操纵着。当孩子操纵一种游戏的时候，也被那种游戏操纵着。网络游戏看似提供了游戏者自由发挥的空间，实则在控制着游戏者的行为与精神。有人说网络游戏已经把玩游戏者的大脑占领了。这是网络游戏最可怕的地方。

游戏的精神是娱乐、开放、民主、平等、精神的解放，而不是沉沦、封闭、集权、操纵、精神的污染。

（四）网络游戏是商家与教育者的战争

网络游戏是一根魔法棒，它把孩子固定在电脑前，让他们全神贯注、兴奋不已、难以自拔。网络游戏的魔力何来？来自游戏开发商对孩子心理的深刻把握，他们知道孩子们喜欢什么、想要什么，投其所好，是他们的手段。同时，他们尽最大可能地开发孩子们玩的潜能、激发孩子们玩的欲望。面对这样的诱惑，孩子们往往是无法抵挡的。当网络游戏看上孩子，孩子往往是深陷其中，难以自拔。商家要把孩子拉进游戏中来从中谋利，而教育者（主要是家长和教师）要把孩子拉到学习与发展的路上来。商家的手段是投其所好，刺激欲望；教育者的手段是什么呢？叮咛、限制、监督、苦口婆心？

在这场战争中，现在看来，商家占着优势。因为他们比教育者们更懂得孩子的心理，更懂得如何从内部激发他们；也因为许多家长和教师对孩子玩游戏束手无策，而商家却千方百计让孩子喜欢上玩游戏。

网络游戏是一场争夺孩子的战争，教育者将如何赢得这场战争呢？

二、正确面对网络游戏

游戏精神是人的天性，自古至今，人们都在游戏着。不光孩子们喜欢游戏，成年人也喜欢。我们在说网络游戏给孩子带来的影响时，往往只会看到，它给孩子带来的消极影响，而没有看到它可能会给孩子带来的积极影响，这是不对的。

游戏是儿童成长的一种方式。儿童是在游戏中成长的。玩游戏是孩子成长中不可缺少的一课。没有游戏的童年是无趣的童年，也是有缺憾的童年。

现在是独生子女的时代，许多孩子找不到玩伴，他们一个人在家里闷得慌，他们面临孤独、空虚和寂寞的困扰。现在孩子们的学业太重、负担太大了，他们需要放松、需要发泄。网络游戏成为孩子们释放心理压力的空间。孩子们的一些不良情绪，通过游戏疏通了出去。孩子玩游戏本身没有错，关键是要引导孩子学会正确地对待玩游戏。如果孩子能够适可而止，玩玩游戏也很好的，但如果沉迷其中、耽误学业、不能自拔、不思进取，就不好了。我们不能粗暴地禁止孩子玩游戏，对于网络游戏也不能一棍子打死。网络游戏有不良游戏也有些好的游戏，对那些好的游戏"适当地"玩一下也是可以的。要让孩子玩，关键是引导孩子玩正确的游戏、正确地玩游戏。

成年人要树立正确的孩子游戏观。要认识到游戏对孩子成长的意义，同时认识到过度游戏对孩子成长的危害。对孩子玩游戏既不能任其发展，也不能约束太严，要教育孩子树立正确的游戏观。对儿童进行正确游戏观的教育，应该成为教育的重要内容了。可是在这方面，我们好像还没有什么重要举措。游戏观的教育不仅仅是玩不玩的教育，怎么玩的教育，更是价值观的教育、人生观的教育。这种教育又不能太死板、太生硬。寓教于乐，一直是我们所提倡的，而真正能够做到这一点的却很少，游戏观的教育应该向着这个目标迈进。在寓教于乐中让孩子形成正确的游戏价值观。

教育不仅要帮助孩子树立正确的游戏观，而且要教孩子学会游戏，要让孩子学会选择有益的游戏，学会自律，学会适可而止，要让孩子在健康而有节制的游戏中娱乐、成长。这样，教育者就要善于变网络游戏为教育资源。教育孩子玩游戏要适可而止，培养孩子面对游戏诱惑时的自制力。要充分利用孩子在玩游戏时表现出来的品质（专注、持续、耐心、自信等），实现从玩游戏到学习、到做事情的迁移。对于那些已经深陷游戏之中的孩子，不要希望一下子就把他拉出来，要给他时间，让他慢慢地走出来。

教育者永远都不要放弃对孩子的教育，教育的价值和作用就在于纠正孩子的不良习惯，培养孩子的良好习惯，教育者永远不要说孩子没得救了。在某种意义上说，教育就是拯救，教育就是让孩子迷途知返，教育就是把孩子引上正途。

教育者应该向他们的对手——游戏开发商学习，向网络游戏学习。学习什么呢？学习他们对孩子心理的深刻把握和对孩子不断的激励。只有深刻地了解孩子、理解孩子，才能有针对性地教育孩子，只有不断地激励孩子才能吸引孩子。网络游戏往往通过设置不同的级别来激励孩子，孩子们的目标往往是最高级别。现实的教育中我们也要学会设置可攀登的级别激励孩子，包括设置让孩子远离游戏的级别。如同在游戏中一样，在现实生活中，也要让孩子在学校生活中、在家庭生活中体验到归属感、成功感和荣誉感，让那些沉迷网络游戏而逐渐远离它的孩子们体会到远离网络游戏的成功感。只有让孩子从心理深处取得了这样的心理认同，教育才可能是真正有效的。

网络游戏的问题不仅是游戏本身的问题，不仅是商业问题，更是教育问题、社会问题。网络游戏问题的真正解决需要制度的约束、规范和管理。在这方面，我们做了些什么？禁止未成年人进网吧的措施很好，但还远远不够，还必须对网络游戏的生产、传播、销售、使用等各个环节加强管理和规范。同时，还要加强对传统游戏的改造和创新，加强开发益智游戏、学习游戏、绿色游戏。这是为孩子提供健康游戏的重要途径，在这方面还有很大的可为性，政府、商家、教育者应该为此做出努力。教育沉迷于网络游戏的孩子，教育者义不容辞；给孩子提供和创造良好的成长环境和精神食粮，政府和社会义不容辞。

　　只有大家都充分认识到网络游戏对孩子成长的危害性和游戏对孩子成长的重要性，并联手积极行动起来的时候，孩子们或许就会健康快乐地玩游戏、健康快乐地成长了。

教育改变了什么

都说"知识改变命运",然而,知识改变的是什么命运? 知识在多大程度上改变了命运?

对于农村孩子来说,高考是改变他们命运的一种重要方式。 通过考大学,他们跳出"农门",成为一个非农业户口的人。 许多人在毕业后,可以不再过那种"面朝黄土背朝天"的生活。 许多农村孩子感激高考,因为是高考给了他们改变命运的机会。

可是高考对他们命运的改变是一种怎样的改变呢? 大学毕业后,大量的农村孩子又回到了他们的县城,回到了他们的乡镇,回到了他们曾经走出过的生活状态。 虽然这种生活状态,已不再是农民式的生活状态,他们或许已经对这样的生活状态已经很满意,但总体上看,这种生活状态仍然是一种低层次的生活状态。 换言之,教育对他们命运的改变只是一种低层次的改变,他们仍然处于社会的底层,只是比农民好了一些而已。 他们仍然不是社会的主流,不能引导社会的时尚,也不能引导社会的潮流,在很大程度上仍然只是社会的被动适应者和接受者。

如果想获得更高层次的命运改变,他们必须继续努力。 只有极少数的、那些保持了昂扬的进取心、不断上进的人,才可能脱离低层次的生活状态,逐步进入高层次的生活状态,然而这个过程是非常漫长和艰辛的。 有篇文章说,一个农村孩子用了18年的努力才可以和一个城市人一样生活。

当今大学生和研究生的就业压力都很大,当农村孩子在交了巨额学费读完大学却面临找不到工作的状态时,教育改变了他们什么?

教育改变命运,但必须看清,教育对人命运的改变具有相当大的隐蔽性。 在一定程度上,被改变的命运仍然不掌握在自己手里,而掌握在更大的更无形的社会制度那里。

教育能给生命多少力量

近来几次传来韩国艺人自杀的消息,在生活的周围也不时会听到有人自杀的消息,其中包括学生自杀的消息。这些自杀的消息总能震动我的心灵。这不禁让我思考,教育能够为生命做些什么? 教育能够给生命多少力量?

开展生命教育让学生学会正确地面对死亡、珍爱生命是教育给予生命力量的一种途径。专门的生命教育课程有它存在的价值与意义,应该充分发挥它的作用,但千万不能简单地以为有了它就可以解决生命教育的问题。教育给予生命的力量,不应仅仅是"生命教育"课程所带来的,而是所有学科、所有教学所负有的责任。所有的课程与教学都应该与学生的生命相联系,都应该在学生的生命体验中构建出积极的意义。从这个角度说,理想的生命教育可能是"渗透式"的,而不是专门式的、课程化的生命教育。

虽然,有些地方已经开始了生命教育并且设置了专门课程,但我总感到生命教育的力度还很不够,生命教育的方式还很单一,生命教育的效果还很乏力。生命教育可能不是仅仅通过设置相关课程,通过专门教学就能解决的。生命教育的内容绝不仅仅是教给学生正确面对死亡、注意交通安全、珍爱生命等这些知识所能够解决的。知识本位的生命教育只能解决生命中的部分问题,而不能解决根本问题。什么是生命的根本问题? 我认为是生命存在的价值与意义问题。

一个人之所以选择自杀很大程度上是因为生活意义的消失,找不到生存的精神支撑,看不到继续生存下去的希望。教育,不仅仅是生命教育,必须把学习与生命的价值与意义联系起来,赋予学习以生命存在的价值与意义,赋予学生以面对生活压力、面对社会复杂、面对人生困境的能力,赋予生命接受残酷的社会竞争、生存压力的韧性,赋予人生在世的价值与意义。

教育不能仅是传授知识、培养能力，更要给予学生以健全的人格、健康的心态、积极的人生态度，给予学生面对生存压力、面对困难挫折百折不挠的韧性。教育也要给予学生对他人负责的责任。人生而有责，人生在世，负有赡养老人、照顾爱人、抚养孩子的责任，负有对周围世界做出贡献的责任。一个有责任的人是不应轻易放弃自己的责任而选择轻生的，因为他还有未竟的责任。

教育应引领人建构有价值的意义世界、健康的精神世界、积极的心理世界。通过教育让学生构建积极的、健康的意义世界、精神世界、心理世界是应对自杀的强有力措施。拥有这些世界的人，才会不断被这些力量激励着，才不会放弃人生的追求与努力，才能够活出人生的滋味、活出人生的力量。

教育能给生命多少力量？教育在给予学生生命力量方面应该有着广阔的空间，应该可以大有作为。然而，在给予生命以力量方面，我们现实的教育还没有太多力量。我们必须进一步加强教育给予生命力量方面的研究，研究如何通过教育使学生具有强大的身体、强大的精神力量，让学生具备不断进行价值意义构建的能力、不断自我更新的能力、不断自我超越的能力。学生具备了积极向上的精神追求、不断超越的内心动力，具备了人生的理想、生存的勇气和生活的技能，就能够在困境中求生存、在困难中求发展，就能够面对生命中的挫折、困难与不堪，有信心、有勇气、有力量站立起来、发展起来。

让教育给予学生更多的生命力量吧！